4·16구술증언록 단원고 2학년 5반 제8권

그날을 말하다

준민 엄마 김혜경

이 도서의 국립중앙도서관 출판예정도서목록(CIP)은 서지정보유통지원시스템 홈페이지(http://seoji.nl.go.kr)와
국가자료공동목록시스템(http://www.nl.go.kr/kolisnet)에서 이용하실 수 있습니다.
CIP제어번호: CIP2019009639

4·16구술증언록 단원고 2학년 5반 제8권

그날을 말하다

준민 엄마 김혜경

4·16기억저장소 기획 편집
(사) 4·16세월호참사가족협의회 지원 협조

한울

일러두기

1. 음절로 식별 가능한 소리를 들리는 대로 전사하는 것을 원칙으로 한다.

2. 의미를 파악하기 위해 추가 설명이 필요할 경우 [ ]로 표시한다.

3. 몸짓, 어조 등 비언어적 행위는 ( )로 표시한다.

4. 구술자가 말을 잇지 못해 말줄임표를 사용하는 경우 ……, …로 길고 짧음을 표시한다.

5. 비공개 영역은 〈비공개〉로 표시한다.

6. 비공개해야 하는 희생자 형제자매의 이름은 ○○, △△ 등의 도형기호로, 생존자의 이름은 A, B, C 등 알파
   벳 대문자로 표시한다.

7. 비공개해야 하는 제3자는 직분이나 소속, 성만 공개하고, 이름은 ××로 표시한다. 비공개해야 하는 숫자는
   자릿수에 상관없이 □로 표시하며, 지명은 □□로 표시한다.

4·16기억저장소에서는 세월호 참사 5주기를 맞아 구술증언 수집 사업의 결과물 일부를 100권의 책으로 발간하게 되었습니다. 이 사업은 2015년 6월부터 다양한 학문 분야 구술 연구자들의 자발적인 참여로 진행되어 왔으며, 세월호 참사를 좀 더 정확하고 다각적으로 기록하고 기억하고자 하는 노력의 일환으로 수행되었습니다.

2014년 참사 발생 이후, 참사 피해자들의 목격담과 경험은 안타깝게도 공식적인 국가기관과 언론의 기록 속에서 철저히 소외되거나 왜곡되었습니다. 그것은 세월호 참사가 우리에게 안긴 죽음과 고통의 충격만큼이나 우리 사회의 끔찍한 비극이었습니다. 따라서 사업을 진행하면서 세월호 참사 희생자 가족, 생존자, 생존자 가족, 어민, 잠수사, 활동가, 기자 등등, 참사의 초기 과정을 직접 경험한 분들의 증언을 우선적으로 수집했습니다. 구술자는 이 사업의 취

지와 방식에 개인적으로 동의한 분 중에서 선정했으며, 참여 과정에 어떠한 금전적 보상이나 이익이 제공되지 않았습니다. 또한 구술증언 수집 사업을 진행하는 동안, 면담자는 연구자이자 참사를 겪은 공동체 시민으로서 최대한 윤리적이고자 노력했습니다.

구술자마다 매회 약 2시간씩 3회를 원칙으로 음성 녹취와 영상 촬영을 하는 방식으로 진행되었고, 증언의 일관성을 확보하기 위해 면담자는 큰 틀에서 공통 질문지를 사용했습니다. 공통 질문지의 내용은 참사와 구술자 간의 관계성에 따라 차이가 있지만, 유가족 구술의 경우 1회차 '참사 이전의 삶, 팽목항과 진도에서의 경험, 자녀에 대한 기억'을, 2회차 '참사 이후 투쟁과 공동체 활동 경험'을, 3회차 '참사 이후 개인 및 가족이 경험한 삶의 변화와 깨달음, 자녀의 현재적 의미'를 중심으로 했습니다. 이처럼 증언 내용은 참사 이전에서 시작해 참사 발생 당시의 경험과 이후의 변화 과정까지 폭넓게 수집했고, 면담자는 구술 채록 과정에서 구술자의 발화를 최대한 존중하고자 했으며, 무엇보다 각자의 특수한 경험과 다른 시각을 충실히 반영하고자 했습니다.

이 구술증언록의 발간을 위해, 채록된 음성 자료는 문서로 변환해 구술자와 함께 검토했고, 현재 시점에서 공개할 수 있는 영역과 할 수 없는 영역으로 구별했습니다. 따라서 책에 실린 내용은 모두 구술자로부터 공개를 허락받은 부분입니다. 비공개 영역은 추후 구술자의 동의를 받아 적절한 절차를 거쳐 추가로 공개될 수 있으리라 생각합니다.

이 구술증언록 100권에는 그동안 우리 사회에 왜곡되어 알려지거나 잘 알려지지 않았던, 참사 발생 직후 팽목항과 진도 혹은 바다에서의 초기 상황에 관한 중요한 증언이 포함되어 있습니다. 또한, 자녀를 잃는 잔인하고 애통한 상황을 겪으면서도 그 누구보다 강인한 정치적 주체로 성장할 수밖에 없었던 유가족의 마음과 경험을 구체적으로, 그리고 여러 각도에서 살펴볼 수 있습니다. 그 외에도, 이 구술증언록은 2014년을 전후한 한국 사회의 여러 측면을 드러내는 귀중한 자료가 되리라고 생각합니다. 무엇보다 국내외의 많은 분이 이 책을 읽어, 장차 세월호 참사의 진상 규명과 역사 서술에 기여할 수 있기를 바랍니다.

구술증언 수집 사업이 진행되고, 책으로 출간되기까지 많은 분의 도움과 지지가 있었습니다. 이 지면을 빌려 부족하나마 감사의 말씀을 전하고자 합니다.

먼저 (사)4·16세월호참사가족협의회와 4·16기억저장소에 감사를 드립니다. 이분들의 신뢰와 적극적인 협조가 없었다면, 이 사업은 처음부터 시작할 수조차 없었을 것입니다. 또한 어려운 정치 환경 속에서도 사업의 취지에 공감해 재정 지원을 결정해 준 아름다운가게와 역사문제연구소에 감사드립니다. 두 단체 덕분에, 이 사업을 4년 동안 계속해 올 수 있었습니다. 그리고 구술증언록 100권의 발간에 동의하고, 바쁜 일정에도 출판 실무를 기꺼이 맡아주신 한울엠플러스(주)에도 감사를 드립니다. 이 외에도 많은 개인과 단체가 직간접적으로 많은 도움을 주시고 격려해 주셨습니다. 여기에 모두 밝히지 못하는 것을 죄송하게 생각합니다.

　말할 필요도 없이, 가장 크고 또 가슴 아픈 감사는 구술자 한 분 한 분께 드리고자 합니다. 이 책이 발간될 수 있었던 것은, 무엇보다 용기를 내어 아픔과 고통의 기억을 다시 떠올리고 장시간 진심으로 이야기를 해주신 구술자가 있었기 때문입니다. 오랜 시간 이야기를 나누며 함께 공감하기도 했지만, 그 아픔과 고통을 어떻게 가늠할 수 있을까 싶습니다. 더 큰 도움이 되지 못함을 안타까워하며, 이 구술증언록 100권의 발간이 피해자분들에게 조금이라도 위로가 될 수 있기를 기원합니다.

2019년 4월

4·16기억저장소 구술팀 책임자
서울대학교 인류학과 교수 이현정

차례

■ 1회차 ■

준민 엄마 김혜경

구술자 김혜경은 단원고 2학년 5반 고 박준민의 엄마다. 남매 중 큰아들로 태어나 바리스타가 꿈이었던 준민이는 주말이면 카페에서 엄마와 함께 시간을 보내곤 했다. 유가족이자 재학생 학부모로서 단원고 학부모운영위원으로 활동한 엄마는 아이들의 흔적이 단원고에서 지워지지 않도록 하기 위해, 그리고 아이들이 모두 함께 편히 쉴 수 있는 공간이 마련될 수 있도록 노력해 왔다.

김혜경의 구술 면담은 2017년 8월 23일, 30일, 2회에 걸쳐 총 5시간 동안 진행되었다. 면담자는 장원아, 촬영자는 박은수였다.

구술자 본인의 프라이버시나 제3자의 프라이버시를 보호해야 할 부분을 제외하고는 구술자의 발화를 있는 그대로 전사했다.

1회차

2017년 8월 23일

시작 인사말

면담자　　　본 구술증언은 4·16 사건에 대한 참여자들의 경험과 기억을 기록으로 남김으로써 이후 진상 규명 및 역사 기술에 기여하고자 합니다. 지금부터 김혜경 씨의 증언을 시작하겠습니다. 오늘은 2017년 8월 23일이며, 장소는 안산시 김혜경 씨 자택입니다. 면담자는 장원아이며, 촬영자는 박은수입니다.

구술증언 참여 동기 및 근황

면담자　　　먼저 첫 질문으로 본 구술증언 사업에 참여하게 된 동기를 여쭙겠습니다.

준민 엄마　　동기요?

면담자　　　예. 처음에는 할 생각이 없다고 하셨다고 들었거든요.

준민 엄마　　그냥 권유로 하기로 마음먹었는데, 제가 기억이 또 희미해질 수도 있고 이러니까 준민이에 대한 기억을 좀 남겨놓고 싶어 가지고 결심하게 됐어요.

면담자　　　예. 이 구술작업이 진행된 지 조금 시간이 지났는데,

처음에는 아무래도 마음이 좀 힘드셨다가 결심하신 거군요.

준민 엄마   그렇죠.

면담자   마음을 먹게 된 계기가 주변 분들의 권유라고….

준민 엄마   예. 그 언니가 두 번을 권유했는데 두 번 다 제가 안한다고 했거든요. 나중에 [4·16]기억교실 가가지고 만났는데 그때이제, 그 전에는 전화로 통화하고, 기억교실 거기서 또 얘기를 하는 거예요, 그래 가지고.

·면담자   이 기록이 어떤 목적으로 사용되었으면 좋겠다, 이런 바람이 있으세요?

준민 엄마   기록이요?

면담자   예.

준민 엄마   처음에 저는 이거를 한다고 했을 때, 말하자면 저의프라이버시잖아요. 알려지는 것보다는 그냥 이렇게 해놓으면 오래어쨌든 보존이 될 거 아니에요? 그래도 누군가는… 저희 부모들은저뿐만 아니고 그런 얘기를 해요. "아이들이 희생된 걸 저희 세대부모가 없으면, 형제들이 있어도 언제까지 이걸 기억해 주고 아이들이 이걸 가지고 갈 것인가?" 아이들도 성장을 하면 또 생활이 있잖아요. 그럼 언제까지 언니 오빠들, 형제들한테 매달려서 갈 수는없잖아요. 그러니까 저희 부모 세대에서… 마음껏 기억하는 건 저희 부모들밖에 없잖아요, 형제자매들이 뭐 마음은 안타깝겠지만.

준민 엄마 김혜경

그리고 형제자매들이 결혼해서 아이들을 낳아도, 얼굴 모르는 삼촌이 이 일에 희생됐다고 한들 아이들이 기억… 어렴풋이 얘기는 듣겠죠. 저희가, 저도 사실 이번에 그 〈택시운전사〉 영화를 봤어요. 저도 책으로만 보고 그냥 얼핏얼핏 들은 광주학생운동[5·18광주민주화운동]에 대해서만 알고 있지, 그걸 정말 영화화해 가지고… 딸하고 같이 봤거든요. 근데 저희 아이는 아직까지도 그거에 대해서, 물론 그 내용을 이해는 하지만은 실감을 못 하는 거예요. 2000년생이니까 아주 먼 나라 얘기잖아요. 저 역시도 생각하면 저한테는 동떨어졌다는 얘기로 생각을 하는데.

면담자　　　71년생이라고 하셨죠?

준민 엄마　　　예. 근데 저도… 그때는 천안에 살았고 그걸 전혀 몰랐던 거예요, 예. 저도 뭐 초등학교 6학년이나 중학교 1학년 그때니까. 근데 이제 와서 그걸 보니까 정말 너무… 예, 그렇더라고요. 그래서 저도 그렇지만 저희 아이를… 그래도 이 세상에 왔다 갔잖아요, 짧은 삶이지만. 그래서 그냥 그렇게 기억을 해줬으면 하고 [구술을] 하게 됐어요.

면담자　　　그럼 먼저 근황과 활동에 대해 여쭤보겠습니다. 최근에는 어떤 활동을 하고 계세요?

준민 엄마　　　최근에?

면담자　　　아까 반마다, 각 반이 돌아가면서 하는 거 나가신다고 하셨는데 어떤 건지 알려주실 수 있으세요?

준민 엄마   예. 그거 당직, 저희 아이들 화랑유원지 [정부]합동분향소 만들고부터 10일에 한 번씩 당직을 서요. 10반, 10개 반이기 때문에 돌아가면서, 딱 그게 한 달에 세 번꼴 정도 돌아와요.

면담자   한 달에 세 번이요?

준민 엄마   예. 그게 어제였죠. 당직은 그냥 꾸준히 안 빠지고 나가요. 뭐 교실 청소 그런 정도? 크게는 대외적인 거는 못 하고… 그리고 또 못 하는 게 몸도 몸이지만 아이가 아직 학교 가고 이래야 돼서 제 케어[돌봄]가 많이 필요할 때라, 제가 어디 가서 뭐 이렇게 몇 박 며칠씩 자고 이러는 건 못 해요.

면담자   그러면 당직 서는 거나 교실 청소는 하루 꼬박 걸리는 거예요?

준민 엄마   7시에 나가면은 보통 10시, 11시까지 있다 오고, 여자분들은 그렇게 하고 이제 아버님들 직장 다니는 분은 [집에] 들어가시고, 직장 안 다니는 분들은 밤도 새고 가시고.

면담자   아침 7시부터 밤….

준민 엄마   아니 아니, 저녁 7시부터.

면담자   아, 저녁 7시요.

준민 엄마   저녁, 그러니까 거의 저녁때까지는 분향소에 사람들

준민 엄마 김혜경

이 있어요. 그 이후에는 다들 돌아가시니까 이제 그 뒤로 반마다 돌아가면서…. 분향소가 비어 있으면 안 되니까 저희들이 반별로 지키는 거예요.

면담자 　　근무시간에는 직원분들이 또 계시니까 그 이후에?

준민 엄마 　　예. 또 공방에도 엄마들 있고 하니까 비어 있지 않는데 보통 한 7시 전 되면은 다들 돌아가시더라고요. 공방도 6시 정도까지 하니까. 그래서 그때 가서 분향소 비어 있으면 안 되니까 그거 지키고 있어요.

면담자 　　조를 만들어서 지키시는 거예요? 보통 몇 명씩 계세요?

준민 엄마 　　그냥… 제가 지금 저희 반에, 5반에 총무 일 맡고 있어서 그냥, 제가 문자를 톡방에다가 "오늘 우리 반 당직인데" 이렇게 넣으면은 시간 되는 분들은 나오세요. 당직 날 오전에 올리면 그렇게 해서 나오는 분끼리 당직 서시고, 그렇게.

면담자 　　총무 하시면 뭔가 일이 많으실 거 같아요.

준민 엄마 　　아니, 그렇지 않아요, 그냥 알림만 해서. 뭐 일일이 전화하는 것도 아니고. 저희 각 반에 저희 반뿐만 아니고 다른 반도 단체 톡방이 있어요. 그러니까 거기다가 올리면, 뭐 청소 같은 경우도 "언제 언제 청소합니다" 이렇게. 지난주 금요일 날 저희 청소했거든요. 이제 "금요일 날 청소합니다. 1시까지 시간 있으시면 나오세요" 그러면 나오세요.

면담자   그 총무는 어떻게 맡게 되셨어요? 혹시 준민이가 뭐 맡았다던가 했나요?

준민 엄마   처음부터, 그냥 처음부터 저희 아이들 찾고 각 반마다 모임 하잖아요. 모임 하면서 제가…(웃음).

3
4·16 이전의 생활

면담자   먼저 4·16 이전의 삶에 대해서 여쭤보려 하는데요, 아까 천안에서 살았다고 하셨는데 쭉 천안에서 학교 다니셨던 건가요?

준민 엄마   제가 중학교까지 천안에서 나오고… 저희 아빠가 공무원이셨거든요. 그래 가지고 천안에서 중학교 때까지 살다가 이제 강원도 고성으로… 그 송지호해수욕장이 있는데. 제가 대진고등학교 나왔거든요, 고등학교를. 그쪽에서 고등학교 졸업하고, 또 대학생활은 여기 수원에서, 제가.

면담자   아버님께서 천안에서 고성으로 부임지 이동하셨던 거예요?

준민 엄마   예, 이동하서 가지고 그 뒤로 아빠는 계속 그쪽에서 계셨고, 저는 학교를 수원으로, 이제 대학교를 □□대를 다니면서 그때 애 아빠를 만난 거예요, 신랑을.

면담자   가족관계는 어떻게 되세요? 형제분들이요.

준민 엄마   딸만 셋이에요. 제가 장녀예요.

면담자   그러면 학창시절에는 어떠셨어요? 장녀니까 좀 책임
감 있고 이런 스타일이셨나요?

준민 엄마   책임감도 뭐 없지 않아 있는데… 뭐라고 해야 되지?
별로 고생은 안 하고 지금껏 그냥 살았어요. 직장생활 저는 한 번
도 안 해봤거든요. 그냥 오로지 결혼해서도 아이들하고 뭐 집안 살
림만 하고 살았거든요, 네.

면담자   대학교 전공은 어떤 거 하셨어요?

준민 엄마   아, 저 처음에는 유아교육 하다가 지금은 사회복지
쪽도 공부했었고. 제가 성격이 외향적이었어요, 엄청. 바깥 활동
하는 거 좋아하고 그랬었는데 지금은 제가 많이… 이제 준민이 일
있고 나서 거의 집에만 있어요.

면담자   수원에서 그… 준민 아버님 만나셨다고.

준민 엄마   예. 학교에 입학하자마자.

면담자   같은 학교, 같은 과였어요?

준민 엄마   아, 같은 과는 아니었어요. 같은 과는 아니었는데 그
냥 신랑이 저한테 반한 거죠, 뭐(웃음). 근데 애기 아빠가 잘생겼어

요, 정말. 키도 크고.

면담자   준민이도 잘생겼더라고요.

준민 엄마   예, 키도 크고. 저희 딸도 되게 예쁘거든요, 남들이
다…. 키도 크고… 신랑도 키가 185였어요, 애기 아빠가. 인물도
남부럽지 않게 잘생기고 아이들도 다 장점을 닮아서 키도 크고. 저
희 고2 딸도 170이거든요, 키가.

면담자   어머님도 키가 큰 편이시죠?

준민 엄마   예, 저도 그렇고. 그래서 저희 남편이 처음 만나고
한 달 만에 저한테 결혼하자는 거예요.

면담자   언제 만나셨는데요?

준민 엄마   그러니까 학기 초에, 한 달 지나고 4월쯤에 만났는데
한 달 만에 저한테 결혼을 하자는 거예요.

면담자   혹시 대학교 1학년 때요?

준민 엄마   예, 20살 때 저한테. 그래서 내가, 저는 그때 장난,
당연히 장난이라고 생각하잖아요, 장난인 줄 알았죠. 신랑이 그러
고 나서 그다음에 군대를 갔어요. 근데 사람이 좀 보니까 착하기도
하고, 이제 단 둘이 만났던 건 사실 그때까지는 없었어요. 친구들
하고 어울려서, 신랑 친구들 저희 친구들 같이 만나서 뭐 호프집도
가고 이랬는데, 다른 친구들에 비해서 조금 사람이 진실하고 착하
기도 하고, 음….

준민 엄마 김혜경

면담자   그럼 그때 결혼 결정을 하셨던 거예요?

준민 엄마   아니, 그때도 결정 안 했어요. 그다음에 군대를 갔어요, 신랑이 군대를 갔다 와서. 이제 군대를 갔는데 친구들하고 면회를 간 거예요. 근데 신랑이 그 얘기를 하더라고요. 자기를 제대할 때까지 기다려줄 수 없냐고. "아, 나 기다려줄 수 없다"고 제가 그랬어요. 사실은 그 전에도 저한테 그 복학하신 선배가, 엄청 쫓아다니는 선배가 있었어요. 신랑도 그걸 알아요, 알고 있었어요. 그래서 나보고 "기다려줄 수 없냐"고… 나 "기다릴 수 없다"고. 저는 항상 어릴 때부터 저희 엄마가 "나이 많은 사람하고 만나야 행복하다"고 그 얘기를 늘 하셨어요. 저희 엄마, 아빠가 8살 차이가 나시거든요. 지금 아빠가 일흔여섯이고 엄마가 예순여덟인데.

면담자   부모님 두 분 다 정정하세요?

준민 엄마   예, 엄청 정정하시죠. 근데 아빠[가] 퇴직하고 지금은 충남 아산으로, 고향 쪽으로 내려가서 두 분이 사시는데. 엄마가 늘 그랬어요, "남자는 나이 어리거나 친구랑 결혼하지 말고", 어릴 때부터 "나이 많은 사람하고 결혼해야 행복하다"고. 그래서 저는 늘 그 생각을 하고 있었어요. 어렴풋이 결혼하면 좀 나보다 나이가 있는 연상이신 분하고 결혼해야지, 저는 그 생각이 늘 있었던 거예요. 그러니까 동갑내기니까 애처럼 보이잖아요. 저희 신랑이 6남매에 막내라 애기 같은 데가 있단 말이에요. 저는 또 장녀고. 근데 그렇게 살아야 잘 산다고 남들은 그러더라고요, 장녀랑 막내랑 살아야 잘 산다고.

면담자   부모님들도 많이 화목하셨나 봐요.

준민 엄마   예, 저희는. 음… 결혼 전에도 그랬고 결혼해서도, 네. 지금도 엄마, 아빠 두 분이 사시니까. 그래서 엄마가 늘 그랬었었어요, "그래야지 행복하다"고. 남자가 좀 나이가 있어야 포용력도 있고 이런다고. 그래서 저는 이제 '아, 나이 좀 있는 사람하고 결혼해서…'. 저는 어릴 적 현모양처가 꿈이었어요. 제가 『약전』[『416단원고 약전』]에 작가님한테도 다 얘기했지만은 저희 엄마는 아빠가 공무원 생활하니까 직장생활 안 하고 저희, 남편하고 애들만, 딸들만 케어를 했어요. 저는 엄마가 직장 다니는 친구들이 많았어요, 그때도. 근데 그게 별로 좋아 보이지 않은 거예요. 그래서 저는 결혼을 하면 애기만, 애들만 키운다고 그랬어요. 그리고 신랑이 □□엘리베이터 회사를 다녔어요, 승강기 기사여서. 그러니까 어느 정도 경제력도 있고 하니까 별로 직장생활 안 해도 생활할 수 있을 정도 되니까. 그러고 신랑 역시도 직장 다니지 말고 집에서 애들이나 보라고 하니까, 예. 그래 가지고 살림만 했었죠, 직장생활 한 번도 안 했고.

면담자   준민이 아버님은 원래 안산 분이셨어요?

준민 엄마   아니에요. 저희는 경남 하동에 박가 촌에 사는 종가집이에요, 신랑 집이. 이번에 저희 준민이 장례 치를 때도 시골에서 다 올라오셔서 종가 장례 치렀어요, 준민이 장례 때도.

면담자   그러면 안산으로는 결혼하면서 오신 건가요?

준민 엄마   저희가 이제 95년도에 결혼했거든요. 근데 졸업을 하지 않고 결혼을 했어요. 졸업과 동시에 □□엘리베이터를 바로 입사를 해가지고 안산에 정착을 하게 된 거죠, 그때부터, 95년도부터.

면담자   그럼 그때부터 안산에 쭉, 이 동네에서 사셨어요?

준민 엄마   선부동에만 살았어요, 저희는.

면담자   혹시 이 집에서 계속?

준민 엄마   여기는 지금 이사 온 지 2년 됐고. 요기 앞에 □□아파트라고, 저희는 결혼해서부터 쭉 거기에 17년 살다가 어… 처음에 결혼했을 때부터 집을 아버님이 사주셔 가지고 거주하다가 이제 여기는 준민이 몫으로 아파트를 분양을 받아놓은 거예요, 저희가. 저희는 □□에서 거주를 하고 여기 전세를 놨다가 이제, 또 ○○이랑 저랑 둘이, 딸 이름이 ○○이거든요, [가족이] 둘이니까 [집] 하나는 정리하자 그래 가지고. 준민이 신혼집으로 저희가 집을 해놓은 거거든요. 그랬다가 이제 2년 됐어요, 이사 온 지, 여기.

면담자   아, 준민이 신혼집으로…. 언제쯤 생각하고 분양을 받으셨던 거예요?

준민 엄마   아, 준민이는 고등학교 졸업하면 바로 결혼한다고 그랬어요. 그래 가지고 저는 일찍 결혼시킬려고 했어요.

면담자   상대가 있었나요?

준민 엄마   아, 여자 친구 많았어요.

면담자   아, 그랬군요.

준민 엄마   여자 친구. 저는 남자는 빨리 결혼해도 좋을 거 같더
라고요. 저희 신랑하고 저도 스물다섯에 결혼했거든요. 그래 가지
고 일찍 결혼해도 좋은 여자 만나면 괜찮겠다 싶어 가지고, "고등
학교 졸업하고 [결혼]한다" 그래서 "고등학교 졸업하고 여자 있으
면 해라" 그랬죠. 저는 "일찍 결혼해서 애기 많이 낳으라" 그랬었
어요.

면담자   그러면 안산 선부동에서 17년 동안 계속 쭉 사신 거
네요?

준민 엄마   예, 계속 살았어요. 95년도부터 지금까지 선부동에만.

면담자   예. 아버님 직장이 안산이죠?

준민 엄마   □□엘리베이터에 있어요.

면담자   어머님께서는 쭉 주부로.

준민 엄마   예. 주부 일 하고.

면담자   교회나 그런 신앙생활도 하셨나요?

준민 엄마   아니요, 저는 종교는 무교예요. 그냥 아이들 유치원,
학교 보내고부터는 유치원 조금 가서 뭐 도와주는 식으로 하고…
초등학교 준민이 들어가고부터는 그냥 학교 일. 여기 선부초 나왔

준민 엄마 김혜경

거든요, 여기 앞에. 요 뒤에 바로 원일중 나오고. 그래 가지고 그냥 계속 준민이 초등학교 들어가서는 학교 일 계속했어요.

면담자　　활발하게 하셨어요?

준민 엄마　　예, 엄청. 제가 여기 원일중학교, 초등학교 때도 계속 학교 일 하고. 원일중학교도, 제가 엄마들을 많이 아는 게 여기 총학부모회장을 두 번을 했어요. 준민이 때도 3년 했고, ○○이 때도 3년 하고 졸업했어요. 그러다 보니까는 뭐 학교 엄마들도 많이 알고, 그렇게 했죠.

면담자　　고등학교에서도 계속 학부모회 활동 하셨어요?

준민 엄마　　고등학교에는, 이제 단원고 저희 준민이 13년도에 입학했을 때 학부모회를 하면서 운영위원 했었구요. 제가 지금 더 마음이 아픈 게 제주도 답사를 제가 갔다 왔어요, 아이들 수학여행 가는 답사를.

면담자　　가기 전에 부모님들이 답사를 같이 가세요?

준민 엄마　　예. 1년 전에 답사 가잖아요, 고1 때. 그때 제가 답사를 갔다 왔었어요. 저하고 7반에 곽수인 엄마랑, 언니랑 둘이. 모든 일정은 정말 완벽했어요. 저희가 아이들 숙소며 이런 거 할 때는 다 완벽했는데… 이렇게 돼버리니까.

면담자　　제주도 답사는 언제 가셨던 거예요?

준민 엄마　　그게…(한숨) 그때가 언제지? 여기 날짜가 있을 텐데… 저희가 여기에 그 멤버들이 운영했던 밴드가 있어요. 여기가 수학여행활성위원회라고… 그때가 언제냐면은… 아, 이때다, 2013년 8월 9일 날 갔었네요.

면담자   그 1년 전에 가신 거네요?

준민 엄마   예. 왜냐면 수학여행이 4월 달이기 때문에 일정을 미리 잡고… 또 행정실에서. 왜냐면 이게 입찰이기 때문에 많이 들어오거든요, 입찰이. 그래서 몇 달 걸려요. 조건이, 저희 조건에 맞춰서 코스 정하고 이러는 게… 그래서 미리 갔다 왔어요.

면담자   두 분만요?

준민 엄마   두 분하고.

면담자   예. 학교 선생님들이나 이런 분들은요?

준민 엄마   1학년 부장선생님하고, 예.

면담자   그럼 더더욱 마음이 안 좋으실 거 같아요.

준민 엄마   예. 정말 아이들 일정이나 숙소 이런 거는 저희가 진짜 너무 꼼꼼히 체크하고 이랬었거든요. 근데 처음에 그 생각이… 뭘 잘못해 가지고 그랬나… 그런 생각도 들고, 처음에는 조금 그랬죠.

면담자   같이 가셨던 어머님은 그….

준민 엄마   7반에 곽수인 엄마. 저희가 학부모 대표로 갔다 왔거든요, 1학년 학부모 대표로.

면담자   예.

준민 엄마   저는 오로지 아이들만 보면서, 아이들 [정말] 위해서
만 그렇게 살았거든요.

면담자   그… 아버님께서는 언제 돌아가셨어요?

준민 엄마   2007년도에. 예, 준민이 4학년 때.

면담자   어떻게 돌아가셨는지 여쭤봐도 될까요?

준민 엄마   위암, 위암이…. 그때가 서른일곱이었는데.

면담자   젊은 나이에 돌아가셨네요.

준민 엄마   너무, 너무 젊어서.

면담자   빨리 진행된 거군요. 많이 힘드셨겠어요. 결혼하신
지 그럼 12년 된 건가요?

준민 엄마   그쵸. 네, 맞아요, 12년 만에. 준민이가 11살 때였으
니까.

면담자   그럼 그 후로는 더더욱 준민이랑 ○○이만 보시
면서….

준민 엄마   그럼요. 저는 준민이를… ○○이도 아빠 겸 오빠처
럼, 저도 남편 겸 아들처럼 얼마나 그러고 든든했는데. 나가면은
팔짱 끼고 다니면 엄청 든든했거든요.

면담자   어머님이랑 준민이랑 찍은 사진을 봤는데요.

준민 엄마   예. 팔짱 끼고 찍은 거, 저거 저거?

면담자   예. 저건가요? 그 분홍색 코트 입고 찍으신 거요.

준민 엄마   예, 맞아요.

면담자   키 크고 멋지시더라구요.

준민 엄마   저게 4월 5일 날, 14년도. 14년 4월 5일 날 찍은 거예요, 저 사진이. 그러고 나서 애들 15일 날 출발했으니까….

면담자   그러면 그 4·16 이전에 보통 평일 하루의 일상을, 아침에 눈 떴을 때부터 밤에 잠들 때까지 어떤 하루를 보내셨는지 말씀해 주시겠어요?

준민 엄마   저요? 되게 바쁘게 보냈어요. 왜냐면 아이가 둘이다 보니까, 사실 준민이랑 ○○이랑 같이 초등학교를 같이, 세 살 터울이거든요. 같이 다닐 때는 한 학교에 아이가 둘이 있으니까 조금 뭐 여유는 있었어요. 그런데 준민이가 중학교 들어가고, ○○이가 4학년 되고 이러니까 학교가 두 개로 분리된 거예요. 초등학교, 중학교. 그때가 초등학교, ○○이도 ○○이대로 학교 일을 해주고, 준민인 또 준민이대로 학교 일을 해주니까. 그리고 그때는 또 다행스러운 게 제가 이제 신랑에 대한 그런 부재가 있잖아요.

면담자   예.

준민 엄마   근데 그때는 아이들한테 제가 전념하느라고, 정말 밤에 눈 감기 전에는 애 아빠 생각을 못 할 정도로 그렇게 바쁘게 지냈어요. 그게 다행이라고 생각했죠. 저희 엄마도 "그래, 바쁘게 지내면 박 서방 생각도 안 나고 하니까 다행이다" 이제 이렇게 했었죠. 근데 지금은 너무 공허하잖아요. 제가 종일, 제 성격이 좀 외향적이어서 집에 있는 성격이 아니었거든요. 저는 교육청 일도 했었어요.

면담자   어떤 일 하셨어요?

준민 엄마   교육청에서도, 아이들 학교 다닐 때는 조금 제가 여러모로 많이 했었어요. 교육청에서도 거버넌스라고… 거버넌스가 뭐냐 하면요, 요즘 초중고에서 불법 찬조 받잖아요. 그럼 그게 교육청으로 민원이 들어와요. 어느 학교에[의] 학부모님들이 민원을 넣어요. 그럼 거버넌스위원이 있어요, 제가 거기 소속돼 있어서. 그게 이제 그때는 교육장님이 저희 위에 바로 상사이셔 가지고, 그 밑에 저희 거버넌스위원이 여섯 명이 있었어요. 안산 학교를 총괄을 하는 거예요, 다, 초중고를. 그것만 해도 정말 하루에 몇 학교를 다녔어요, 제가. 그러니까 그때는 정말 아침에 나가면은 잠깐 와서 아이들 간식 챙겨주고 또 나가고, 들락날락하고 그럴 정도로.

면담자   그럼 준민이랑 ○○이는 학원 같은 데 가고 그랬나요?

준민 엄마   예. 그래도 제가 한 번도 집에 중간에 안 들러서 간식 안 챙겨놓은 적이 없었어요, 항상.

면담자   바쁘게 하루를 보내셨군요.

준민 엄마   예. 제가 그랬던 사람인데, 지금도 지인분들이 많이 연락이 와요, "밥 먹자", "차 마시자"…. 근데 제가 밖에 나가기가 싫은 거예요. 누구 만나는 게 싫어요. 만나면은 제가… 아이들로 인해서 만들어진 인연이기 때문에 아이들 얘기가 나와요.

면담자   준민이 따로, ○○이 따로 이렇게 인연이 있으세요, 아니면?

준민 엄마   그럼요. 준민이 따로, ○○이 따로 다 인연이 있죠.

면담자   요새는 ○○이 관련해서도 학부모회 활동 같은 거 계속하시나요?

준민 엄마   예. 지금 단원고 다니거든요, 저희 ○○이가.

면담자   아, 단원고 다니나요?

준민 엄마   예. 그래 가지고 제가 준민이가 없었어도, 명예 3학년 때 아이들이 졸업을 하기 전이어서, 제가 그때도 운영위원 들어가 가지고 또 활동했었어요, 학부모위원으로. 준민이 3년하고, ○○이 지금 작년하고, 올해도 운영위원회 하고 있어요.

면담자   바쁘시겠어요, 진짜.

준민 엄마   근데 그게 오히려 더 즐겁고, 그 전에는 아이들 위해서 하는 일이라서 행복했거든요.

면담자   요즘은 어떠세요?

준민 엄마   지금은… 전에는, 남들은 또 그럴지도 몰라요. 작년 같은 경우에는 명예 3학년 때 제가 왜 아이도 없는데 들어갔나… 그때는 저하고 지금은 이지성이라고, [4·16]기억저장소 언니랑, 도언이 어머니랑 둘이 같이 저랑 들어갔었어요. 〈비공개〉아이들도 없는데… 남들은 그래요, "아이도 없는데 왜 학교에 들어가서 하냐"고, 그거를. 근데 두 분도 아시겠지만 단원고에서 지출하고 이러는 게, 그게 다 저희 아이들로 인해서 수입이 들어온 거잖아요. 근데 저희가 아이들을, 우리 아이 희생으로 인해 들어왔는데 그거를 단원고에서 어떻게 지출을 하는지 알아야 되겠더라고요. 그래서 그때는 이제 도언이 어머니랑 저랑, 왜냐면 도언이 어머니랑 저랑 또 인연이 있는 게 아이들 13년도에 둘이 운영위원을 같이 했었어요. 그래서 언니랑 되게 친해요. 그러고 나서 아이들 참사 나고 그 언니가 저를 되게 잘 챙겨줘요. 맨날 몸 어떠냐고 연락오고. 그랬다가 어쨌든 언니는 이제 저희가 명예졸업은 안 했지만, 2년 뒤로 미뤘지만 일단은 다시 애들이 새학기가 돌아왔잖아요. 저희는 3학년 명예졸업 하고. 저는 딸이 지금 재학을 하고 있잖아요. 그러니까 다시 제가 또 들어간 거예요. 예, 지금도. 왜냐면 운영위원을 들어가야지 지출 내역을 알 수가 있으니까. 학교 돌아가는 일을 운영위원들은 잘 알고 있잖아요.

면담자   나중에 참사 이후 활동 같은 것 여쭤볼 텐데요.

준민 엄마   참사 이후에 활동 하나도 없는데?

면담자   그 운영위원 하신 거.

준민 엄마   아, 그런 거요?

면담자   예, 그런 거 잘 얘기해 주시면 좋을 거 같아요.

준민 엄마   예. 아, 제가 가족협의회 일은 많이 참석을 못 해서.

면담자   요즘 학교 쪽으로도 굉장히 이슈가 많았잖아요.

준민 엄마   그렇죠.

면담자   교실도 그렇고요.

준민 엄마   예, 맞아요.

면담자   그 이전 문제라든가, 학교장 문제라든가 이야기해 주시면 좋을 것 같아요.

준민 엄마   아, 그래요?

면담자   먼저 오늘은 일단 4·16 이전의 삶을 먼저 여쭤볼게요(웃음).

준민 엄마   (웃으며)예.

4

준민이와의 추억 및 기억들

면담자　　아버님 돌아가셨을 때 준민이가 충격을 많이 받았었 겠어요.

준민 엄마　　근데 그때가 초등학교 4학년이고, ○○이가 1학년 이었어요. 아이들이 그 당시에는 그거를 직감을 못[실감을 못 했어 요]. 아직 아이들이 어렸기 때문에 뭐 저희 외가 쪽, 친가 쪽에도 그 당시에는 돌아가신 분이 아무도 없었어요. 어머님, 아버님도 그렇 고 저희 엄마, 아빠도 그렇고. 그랬으니까 그런 사람이, 사람이 죽 는다는 이런 거에 대해서 아이들이 아직 모를 때였어요, 다행히. 다행히 모를 때라서 그다지 충격을 받지는 [않은 것 같아요]. 제가 보 기에는, 제 눈에는. 그러니까 아이들의 삶이 아빠 있을 때랑 없을 때랑 그다지 차이가 없었으니까. 다행인 게 위로 큰아빠가 두 분 계시거든요. 아주버님들이 많이 챙겨줬어요. 준민이 같은 경우는 이제 남자아이인데 또 엄마가 케어할 수 있는 부분이 있고, 남자가 케어할 수 있는 부분이 있는데 아주버님들이 연락 자주 해서 좋은 말씀해 주시고…. 준민이 수학여행 가기 전까지도요.

면담자　　친척분들이 근처에 사세요? 안산 근처에?

준민 엄마　　아니에요. 저희 다 지방에 살아요.

면담자　　아, 다 따로따로.

준민 엄마   예, 다 따로따로, 지방. 거의 뭐 부산, 창원 그렇게 지방에 다 살아요.

면담자   그러면은 평일에는 교육청 일로 바쁘셨고, 주말에는 대체로 어떻게 보내셨어요?

준민 엄마   주말에는 아이들하고 거의 영화 보고 오로지 아이들하고만 지냈죠, 저희는 아이들하고 [그래서] 다른 부모님들은 그러더라고요, 아이들과 시간도 많이 못 보내고 찍은 사진도 많이 없대요. 근데 저는 아이들하고 찍은 사진은 엄청 많거든요. 준민이랑 커피 마시러 다니고, 둘이서도. 영화 보러 가고 뭐 여행 가고. 제가 혼자서 애들 데리고 속초도 가고. 여행도 저희는 많이 다녔어요.

면담자   준민이랑 둘이 이렇게 많이 다니신 거예요, 아니면 ○○이까지 셋이서?

준민 엄마   셋이 다닐 때도 있고.

면담자   따로따로도 가시고요?

준민 엄마   ○○이가 약속 있을 때는요. 준민이 일본도 갔다 오고. 저희는 일본, 중국 다 갔다 왔어요.

면담자   아, 셋이서요?

준민 엄마   예, 아이들 데리고.

면담자   준민이는 친구들이랑 노는 것보다 가족과 시간을 보내는 걸 더 좋아했나요?

준민 엄마   그런 것도 좋아했지만 친구들도 엄청 많았어요. 준민이 노는 친구들이 각 고등학교에 각[데] 포진돼 있었으니까, 애들이.

면담자   어머님과 준민이가 주말에 주로 영화 보고, 카페 같은 데 많이 가셨다고요.

준민 엄마   예. 그래서 준민이가 바리스타를 시작하게 된 게, 제가 카페를 가가지고 우연한 계기로 커피숍[을] 하고 싶다고 그래서 하게 됐죠. 팥빙수랑 커피[를] 먹었는데…. 이 아파트 상가에 '카페 라떼'라고 카페가 있었는데 그 형을 엄청 멋있게 본 거예요. 형이 커피 내리는 그 모습을, 유니폼 입고. 그날 준민이가 "엄마, 나 꿈이 생겼다"고. 애가 원래 쉽게 쉽게 질려가지고 오래 못 하거든요, 성격상. 근데 꿈이 생겼다고 그래서 뭐 하고 싶냐고 그랬더니 자기 바리스타 하고 싶다고. 그래 가지고 저기 중앙동에 제가 알아봐 가지고 학원에 보내게 됐죠.

면담자   아, 어머니께서 학원 알아보셔서요.

준민 엄마   예, 그럼요. 저는 그때 보낼 때도 정말 얘가 진짜 한두 달 하고 안 할 줄 알았어요. 근데 지금 2013년도 9월부터 너무 재미있게 다니는 거예요. 그래서 제가 커피숍 차려준다고까지 했거든요.

면담자   자격증도 땄다고 들었어요.

준민 엄마   자격증, 2급 자격증.

면담자   아, 2급 자격증이요?

준민 엄마   예. 따고 [수학여행] 갔다 와서 5월 16일 날 다시 1급 따기로 했다가… 접수해 놨다가 이렇게 됐죠.

면담자   준민이와 함께 보낸 시간 중에서 가장 기억에 남는 일화가 있으면 어떤 것인지 말씀해 주시겠어요?

준민 엄마   가장 기억에 남는 거요? 어… 다 기억에 남지만 저희 여행 갔던 거, 속초 여행 갔을 때. 진짜 그때 2박 3일 동안 안 가 본 데가 없거든요. 저희가 속초로 해가지고 올라와서, 올라오면서 '대조영' 촬영장부터. 제가 그 전에 검색을 다 하고 가가지고, 제가 아이들 데리고 가고 싶은 데는 맛집부터 뭐 다 다녔거든요. 그런 게 그냥 아이들하고 했던 게, 준민이랑도 그때 사진도 여기 있는데 너무 그때 얘가 즐거워했어요. 그리고 저희가 또 준민이 중3 때 졸업기념으로 제주도, 그때 오하마나 타고 제주도 갔다 왔어요, 중3 때.

면담자   가족끼리 이렇게 갔다 오신 거예요?

준민 엄마   그때가, 그때는 오하마나 타고 저희가 금요일에 출발했거든요. 저희는 이[우리] 아이들 처음에 오하마나 타고 간다고 팜플렛[팸플릿]에 나왔어서, 그리고 저희가 입찰을 할 때도 오하마나였어요, 배가. 근데 준민이가 처음에 배를 타고 저한테 전화가 왔는데 하는 소리가 "엄마, 이거 우리가 탄 배가 아니야"라는 거예요, 준민이가.

면담자   다른 배라고요?

준민 엄마   다른 배라 그래서 저는 아니라고, 맞다고, 우리 제주도 여행 갔던 배가 맞다고 그랬더니, 아니라고 준민이가 자꾸 그러는 거예요. 아니래, 방이 다르다고. 그래서 저는 "준민아, 우리는 가족실에 있었고, 너희들은 다인실에 있기 때문에 다르다니까". 엄마, 아니래, 배가 우리가 탄 배가 아니라고. 애가 그 말을 저한테 첫 전화해서 했거든요. 저는 준민이 가기 전에 "준민아, 이거 제주도 우리 여행 갔을 때 탄 배야" 그랬는데 배를 타고 전화를[가] 왔는데 우리가 타고 갔던 배가 아니라는 거예요. 나중에 이게 세월호인지 그래서 알은[안] 거죠.

면담자   모르셨던 거네요.

준민 엄마   사고 나고… 저는 당연히, 부모님들도 그렇고 학교에서 온 팜플렛에 오하마나라고 있으니까 오하마나인 줄 알았죠. 이렇게 세월호가 갔을 줄은 몰랐죠. 오하마나를 타고 갔으면 애들이 이렇게 사고가 나지 않았겠죠.

면담자   그때 오하마나 타고 가셨던 제주도 여행은, 그때도 2박 3일 일정이었나요?

준민 엄마   예, 2박 3일. 그때는 금요일 날 저희 배가 7시에 출발

하면 거기 9시, 아침 9시에 닿아요. 2박 3일 하고 또 올 때도 배 타고 똑같은 코스로.

면담자   아, 같은 코스로요.

준민 엄마   예. 중3 때 저희가 갔다 왔거든요, 오하마나 타고.

면담자   여행 갔다 온 게 가장 기억에 남으셨다고 했는데, 왜 가장 많이 기억에 남았어요?

준민 엄마   그때 속초 여행 갔을 때는, 속초 여행 갔을 때가 아마 고등학교였을 때였을 거 같은데, 중3 때, 중3 여름방학에 갔다 왔는데, 사진을 보면은… 이 사진을 보면 저는 어떤 때 제가 미소를 지어요. 노는 게 너무 행복해 보이는 거예요. 이거 사진 찍을 때는 행복… 아, 이렇게 행복했었구나, 몰랐는데.

면담자   혹시 보여주실 수 있으세요?

준민 엄마   (사진을 보여주며) 여기 보면 정말 이게 다 준민이랑 찍은 사진… 준민이는 또 남자앤데도 사진 찍는 걸 좋아해요.

면담자   예. 듬직하셨을 거 같아요.

준민 엄마   그럼요. 잠깐만, 음… 이때 아, 이때도, 이때는 우리가 어디 갔던 거지? 이 숙소가 어디지?

면담자   여름이네요?

준민 엄마   이때가 우리가 저 밑에 지방, 이건 밑에 지방 갔던

준민 엄마 김혜경

거 같은데? 아, 거기다! 여기가 어디냐면요, 부곡하와이. 아이들하고 스파 갔을 때. 아, 거기 갔던 거다, 이거는… 부곡하와이 갔고, 이게 지금… 저희는 보면은 찜질방도 잘 가요. 애들 데리고 이렇게 찜질하는 거 좋아하거든요.

면담자　　　준민이가 염색했었네요?

준민 엄마　　예(웃음). 고등학교 들어가기 전에 한번 한다고. 이때가 '대조영' 촬영장, 속초 바닷가. 이것도 보면은 너무 행복해 보이잖아요, 좋아서. 남는 건 사진밖에 없다고 저는 이거 사진 보면서 추억을 더듬는 거예요. 이건 숙소에서 찍은 거랑, 이때는 명동, 아이들 데리고 명동 여행 갔을 때, 애들하고 명동 한 바퀴 돌고 왔을 때. 저는 주말에 아이들하고 시간 많이 보냈어요. 꽃박람회 갔을 때. 그리고 아이들 불러가지고, 준민이 친구들 불러서, 그 아이들이 저희 집 오는 걸 좋아해요. 떡볶이도 해주고, 오면은 "이모, 뭐 해주세요, 뭐 해주세요" 하고. 이건 아이들하고 웅진플레이 갔을 때. "어디 가자"면은, 아이들이 먼저 "가자"고 하면 저는 그냥 가요. "그래, 가자" 그리고.

면담자　　　아이들이 "어디 가자"는 얘기를 많이 했어요?

준민 엄마　　"어디 가고 싶어", 응, "어디 가고 싶어" 그러면은 응, 뭐 어려울 것 없으니까. 이거는 매운탕 먹을 때.

면담자　　　이건 더 어렸을 때 같아요.

준민 엄마	중3 때.

면담자　　　　아, 중학교. 고1 올라가면서 확 컸나 봐요.

준민 엄마　　　예, 확 컸어요. 저는 많이 데리고 다녔어요, 애들. 그래서 준민이는 그나마 조금 덜 미안한 게, 그래도 좋은 곳, 일본 여행도 두 번 갔다 오고 중국도 갔다 오고…. 주위에서 다른 분들 그래요. "그래도 너는 준민이 해달라는 거 다 해주지 않았냐"고. 못해준 부모님들…. 그게 무슨 소용이에요, 지금. 해줬든 안 해줬든 소용없죠(흐느낌).

면담자　　　　그 기록들 정말 많이, 날마다 보실 거 같아요.

준민 엄마　　　예.

면담자　　　　준민이 키우시면서 특별히 중요하게 생각했던 게 있으세요? 친구를 많이 잘 사귀어야 된다라든가, 공부나 성적을 얘기하셨다든가.

준민 엄마　　　아, 성적은 뭐 모든 부모들 다 마찬가지겠지만 생각하지 왜 않[했]겠어요? 근데 저는 항상 그랬어요. 친구 많이 사귀라고, 친구가 재산이라고. 저 역시도 친구가 많거든요, 되게. 저희 아주버님이 저한테 그 얘기를 하더라고요, 아주버님이. 그러니까 저희가 5년을 연애를 했기 때문에 저는 결혼 전에도 시댁을 몇 번 갔었어요. 그래서 아주버님도 그렇고 아직까지도 시누들한테 언니라고 제가 불러요. 근데 아주버님이 그 얘기를 하더라고요. 애 아빠

때도, 애 아빠 이제 장례 치를 때도 이제 지인분들이 많이 왔어요, 애 아빠 장례식. 근데 준민이 때는 더 많이 온 거예요. 뭐 교육청 관계자들, 학교 여기 교장선생님, 제가 아는 좀…. 그러니까 아주버님이 그거 보고 깜짝 놀란 거예요. 아주버님이 생각할 때 제가 남편도 없이 여자… 여자인데, 뭐 중학교 동창들은 제가 천안에서 학교를 나왔기 때문에 천안에서 진짜 버스 두 대를 지네들이 대절해서까지 왔으니까. 나보고 아주버님이 그 얘기 딱 하더라고요. "제수씨, 참 잘 살았네요." 이 얘기를 하시더라고요. "제수씨가 참 잘 사신 것 같다"고, "준민이 장례 치르면서 많이 느꼈다"고.

저는 지금도 딸한테 그러지만 첫째는 정직이에요, 거짓말 안 하는 거. 저는 다른 건 다 용서해도 아이들한테도 거짓말하는 건 용서 안 했거든요. 왜 거짓말을 용서 안 했냐면은 거짓말을, 내가 거짓말을 쉽게 한마디를 하면 그 거짓말, 말로 인해서 상대방이 정말 죽을 수도 있잖아요.

정직을 우선으로 했고, 두 번째는 친구. 그래 저희 준민이, 나중에 기억교실 가보면 아시겠지만은 그 거기 앞에, 준민이 이름 앞에 써 있어요, 좌우명이. 뭐라고 쓰여 있냐면 '인생을 즐겨라'(웃음). [그런 멘트가] 준민이 하나밖에 없어요. 다른 애들 정말 다 좋은 멘트인 거예요. 뭐 '후회 없이 살자'라든지. 그 내가, 저도 이제 그 멘트를 본 게 나중에 아이들 일 있고 교실 가서 하나하나 보는데 준민이 혼자만 좌우명이 그 멘트가 있는 거예요. 남들은 정말 다 좋은 말인 거예요. 준민이만 '인생을 즐겨라'예요, 좌우명이.

면담자   좋은 말인데요?(웃음)

준민 엄마   근데 제가 그렇게 키웠거든요. 인생은 힘들어도 즐겁게 살고, 예. 그래서 그런가 '인생을 즐겨라'예요. 다른 반 애들도 좌우명 보면 그렇게 쓴 애들이 없어요. 준민이만 너무 솔직하게 쓴 거예요. 아이들이 다 놀고 싶지 안 놀고 싶겠어요? 근데 좌우명을 그렇게 써놓은 거예요. 친구 많이 사귀라고 그 얘기를 늘 많이 했어요, 친구가 재산이라고. 준민이는 친구들 많았어요. 지금도 아이들이 15일 날? 15일 날도 군대 휴가 갔다 나오면은 애들이 준민이 보러 가요, 휴가 나와서. 지금 친구들 군대 많이 갔거든요. 휴가 나오면 많이 가고……. 지네들 놀러도 많이 가[갔었고], 애들하고.

면담자   준민이는 어떤 거 하고 노는 걸 좋아했어요? 취미는 어떤 거였어요?

준민 엄마   취미?

면담자   예, 게임을 많이 했다거나.

준민 엄마   그냥 게임도 많이 했어요, 게임도 많이 했고. 나가서 노는 걸 좋아했어요. 친구들하고 나가서 놀고 농구도 하고 축구도 하고.

면담자   운동을 좋아했군요.

준민 엄마   나가면 또 PC방도 가고, 애들하고, 네. 그렇게 많이 놀았던 거 같아요. 친구는 많았어 가지고 같은 그룹 친구들 중에

네 명이 단원고를 갔어요. 하나 생존하고, 7반에 진형이랑, 현섭이랑, 준민이랑 이렇게 희생됐죠.

면담자   7반 진형이요?

준민 엄마   응, 그 친구. 둘이 되게 친했거든요. 이진형하고 박현섭하고 이렇게. 하나만 생존하고… 놀던 그룹이 있어요.

면담자   중학교 때 그룹이요?

준민 엄마   어, 초등학교 친구도 있고, 중학교 친구도 있고. 저기 저 사진에 아이들, 그 멤버 아이들. 그리고 여기도 아이들 신문 기사 난 것도 있어요, 애들.

면담자   아, 신문기사가 있나요?

준민 엄마   예. 준민이 친구들이 여기다가. 이거. 이게 친구들 멤버들이거든요, 같이 지냈던 멤버. 여기서 준민이랑 이렇게 A까지 네 명이 간 거예요. 애들 흩어져서 갔다가 세 명이 희생된 거죠.

면담자   어머님은 그 세 아이 부모님들과 다 잘 아시나요?

준민 엄마   제가 이 아이들을 다 알아요. 근데 다른 분들은 직장 다녀서 잘 모르시더라고요. 근데 현섭이 엄마랑은 연락하고 그래요. 그리고 같이 있어요, 효원에. 현섭이랑 준민이랑. 그래서 효원, 주말에 가면 보고, 진형이는 서호에 있고. 아이들도, 15일 날도 휴가 나온 친구들, 그때 같이 간다고… 애들도 휴가 나오면 찾아오고, 저한테 연락 주고.

면담자   학부모 활동 하시면서 준민이 친구들도 다 안 거고요?

준민 엄마   예, 저는 다 알아요, 애들.

면담자   학부모 모임 같은 것도 빠지지 않고 참석하셨을 거 같아요.

준민 엄마   그 전에는 했었죠. 그 전에는 제가 리더니까, 제가.

면담자   그러면 사회적인 일에 관심이 많으셨어요? 교육청 이런 것도 참가하시고.

준민 엄마   예, 그런 거 저 관심 많았어요.

면담자   투표도 다 하셨나요?

준민 엄마   제가 제 손을 자르고 싶다니까요.

면담자   아, 네.

준민 엄마   그것도 제가 선거 안 할려고 하다가 저희 친정 아빠 가 새벽같이 전화 온 거예요, 박근혜 찍으라고.

면담자   원래는 지지 안 하셨어요? 원래 지지 정당이 그쪽이 아니셨어요?

준민 엄마   아, 아니었어요, 저는. 아니었는데 저희 아빠가 전화 가 온 거예요. 지금 엄청 저한테 미안해하고 있잖아요, 저희 친정 아빠가… 박근혜 찍으라고….

면담자 　전에 그 정당을 쭉 지지하셨던 건 아니었네요?

준민 엄마 　아, 저는 원래 한나라 싫어했어요, 원래. 원래 싫어
했어요.

면담자 　4·16 이전 일들에서 더 추가하실 말씀 있으세요?

준민 엄마 　이게 지금, 이게 ≪인천일보≫에 제가 나온 거예요.
이게 저희 그 거버넌스, 그리고 여기서 이게 저거든요. 이게 교육
장님.

면담자 　≪인천일보≫요?

준민 엄마 　예. 인천에서도 그 교육청 직원들이 그쪽에서는 거
버넌스 활동을 안 하고 계셨던 거예요. 그래 가지고 또 와가지고
저희랑 협약해 가지고 이제 활동[을] 어떻게 하는지, 저희 활동 사
례 같은 거 있잖아요. 그러면 되게 흐뭇해요. 이렇게 가가지고 뭐
어깨가 으쓱한 게 아니고, 아 우리 현실이 정말 이렇구나 그런 거
많이 느끼고. 진짜 부정부패 척결해야 되겠구나 이런 거 있잖아요.

면담자 　준민이도 어머님 영향을 많이 받았겠어요. 어땠어요?

준민 엄마 　앞장서는 거 좋아했어요. 요즘 아이들 말로 좀 나댄
다고 하죠? 그런 거 좋아했어요. 아이들 모이면 자기가 [해가지고],
리드해서 "뭐 하자" 이제 이렇게 하는 그런 아이였죠.

면담자 　혹시 그런 일화가 있나요?

준민 엄마   그냥 저는 항상 그랬어요. 뭘 하면, 저 역시도 그렇고, 어차피 내가 어떤 일을 할 거, 어떤 그룹에 가서 어떤 일을 하잖아요. 그러면은 "따라가지 말고 너가 따라오게 해라". 저는 아이들한테 항상 그래요. "어차피 너가 발을 담글 거면 리드해서 하라"고. "좀 힘들고 어깨는 무겁겠지만, 너가 안 할 거면 하지 말고, 할 거면……".

면담자   준민이가 고등학교 들어가서 학교에서도 약간 그런 역할이었나요?

준민 엄마   저는요 되게 실망한 게 중학교 때는 그렇게 공부를, 공부가 상위권이었어요, 준민이가. 고등학교 가서 시험을 봤는데 완전히 하위인 거예요. 그러니까 중학교 때 왜 제가, 저도 준민이가 첫 애잖아요. 애들 키우는 언니들 얘기를 들어보면 중학교 때 공부는 공부가 아니라고 그러잖아요. 엄마 눈에는 내 새끼가 최고로 느껴지잖아요. 저도 준민이가 어릴 때도 그렇고 천재인 줄 알았어요, 공부 진짜 잘하고. 근데 고등학교는 각 학교들이 모이잖아요, 중학교들이. 완전히 등급이 나왔는데 중하위인 거예요, 등급이, 시험에서. 그래 갖고 저는 너무 실망한 거예요. '이 성적으로 애가 어느 대학을 갈 수 있나?' 저는 어쨌든 일반고를 보낸 거는 대학을 보내기 위해서 한 거니까. 저는 중학교 때도 입학설명회 많이 쫓아다녔어요, 안 빼놓고. 근데 얘가 성적이 완전 '하'인 거예요.

면담자   고등학교 처음 들어가서 많이 그렇잖아요?

준민 엄마   근데 그게 제 생각보다 너무 바닥인 거예요. 수학 같은 경우도 과외를 중학교, 초등학교 때부터 과외를 시키고 했는데. 그래 가지고 너무 실망한 거예요. "준민아" 불러놓고 얘기를 했죠. "큰일 났다. 너 이 성적으로 대학을 못 간다" 그랬더니, 저희 준민이는 좀 낙천적이에요, 저희 아이들이. 제가 좀 낙천적이라 그런가 봐요. 애 아빠도 되게 성격이 낙천적인 성격이거든요. 그렇게 부정적이지 않아요. 그러니까 아 괜찮대요. "이제 1학년인데 뭘 그러냐"고, "2학년부터 열심히 하면 된다"고. 기말고사 봤는데 또 그런 거예요. 제가 준민이한테 "준민아, 너 다른 거 해보고 싶지 않냐? 공부 말고 다른 거 하고 싶은 거, 다른 거" 그랬더니 그때까지도 관심이 없었어요. 근데 그해 여름방학에 꿈이 바리스타가 된 거예요. 저는 애가 공부로 성공할 성적이 아닌 거 같아서 적극적으로 제가 밀어줬던 거죠. 그거 비싸거든요, 학원비 한 달에 40만 원씩이에요.

면담자   그래요?

준민 엄마   예.

면담자   학생 때부터 많이 하나요?

준민 엄마   아니, 학생들은 많이 없고 일반인들이 많죠.

면담자   빨리 꿈을 정해서 한 거네요.

준민 엄마   빨리 한 거예요, 준민이는. 근데 준민이 같은 경우는 그 교수님 와서 보시면은 애가 선천적으로 그쪽으로 약간 후각도 그렇고 미각도 그렇고 있대요, 소질이. 있다 그랬었어요.

면담자   준민이가 집에서도 커피를 많이 내렸어요?

준민 엄마   갔다 온 날은… 이제 텀블러가 있어요, 준비해 가는 텀블러. 핸드드립 기계도 다 저희 있거든요. 그거랑 준비해서 제가 데려다주면 올 때마다 그 텀블러에다가 커피를 내려 와요, 본인이 한 커피를. 밤에 늦게 마시면 왜 잠이 안 오잖아요. 9시에 오거든요. 그거를 다 마시라는 거예요, 텀블러 커피를.

면담자   어머님한테요?

준민 엄마   근데 지금 정말 그 커피가 너무 먹고 싶은 거예요. 그때는 제가 너무 힘들어서 커피 마시기가 힘든 거예요. 매일 마셔야 되니까. 그리고 마시고 또 그거 맛에 대한 걸 평가를 해야 돼요, 그냥 마시기만 하는 게 아니고. 그날그날 본인이 내려 온 커피를 제가 먹고 평가를 해야 돼요, 맛에 대해서. 그게 너무 힘들었어요. 그래서 "아, 이놈의 새끼, 엄마 힘들어 죽겠다"고 막 투정도 부리고 그랬거든요. 근데 지금은 그 커피 먹고 싶다니까요. 지금 사실 그 커피 맛 생각도 안 나요. 근데 준민이가, 우리 아들이 내려준 커피 먹고 싶어….

면담자   학원에서 커피를 내려서 가져온 거죠.

준민 엄마   예, 텀블러에 담아서 가져다.

면담자   집에서 따로 내리지는 않았어요?

준민 엄마   아, 맨날 내려줘요, 연습한다고. 연습해서 가야 된다고 맨날 내려줘요.

면담자   동생은 중학생이니까 먹이지 못하고.

준민 엄마   예, 저한테만(웃음). 그러니까 제가 딸한테 그 얘기를 했죠. "○○아, 오빠 꿈이 바리스타인데 너가 좀 하고 싶은 생각이 없냐"고, "바리스타". 그랬더니 저희 딸은 또 그런 쪽으로 관심이 없어서 그런지 "안 한다"고. 저도 커피 좀 배웠었거든요. 자격증은 없는데 기본은 다 배웠어요. 준민이랑 같이 저희 커피숍 하기로 했었거든요, 둘이.

면담자   원래 어머님이 관심 있고, 다 장비도 구비하고 계셨던 거예요?

준민 엄마   아니, 준민이가 배우면서 장비는 구비했지.

면담자   그러면 같이 배우셨어요?

준민 엄마   아니, 준민이 배우고 제가 배웠죠, 늦게. 이제 저는 3개월 배웠어요, 3개월 코스로. 준민이 이제 계속 이것까지 하고, 저는 기본, 기초반만 배웠죠. 나중에 커피숍 하면 괜찮을 거 같아서, 둘이. 그리고 커피숍은 그렇잖아요. 결혼해서 해도 되고 하니까 좋을 거 같아서. 커피숍 하나 차려줄려고 했죠…. 해주고 싶었던 것 너무 많은데 너무 못 해줘가지고 제가.

면담자   어떤 걸?

51
1회차

준민 엄마   제가 또 어떤 때는… 제가 지금 한 가지 해보고 싶은 게 있어요. 있는데 좀 겁도 나고 해서 선뜻 못 하는데, 제가 굿을 한번 해보고 싶은 거예요, 굿. 해보면 왜 내가 부르고 싶은 사람 부를 수 있다 그러잖아요. 그렇게 해서래도 제가 준민이랑 얘기를 하고 싶어요. 제가 못 해줬던 말 있잖아요. 마지막으로 그 말 꼭 해주고 싶은데…. 그리고 준민이도 저한테 할 말 있을 거 아니에요. 그때 다급하게 전화 끊는 바람에 못 했거든요, 얘기를. 그날, 당일 날 9시 40분에 통화하면서 그냥…. 그래서 이렇게 될 줄 모르고, 또다시 연락이 될 줄 알고 못 했었잖아요.

면담자   무슨 이야기를 하고 싶으세요?

준민 엄마   제가 준민이가 이렇게 돌아오지 않을 줄 알았으면, 제가 그날 "사랑한다"고, "겁내지 말라"고. 아, 너무 겁을… 준민이 겁이 많거든요. 근데 '그날 얼마나 무섭고 겁났을까' 그 생각을 하면 제가 아직도 막 심장이 아파요. 그 말을 해주고 싶어요. "좋은 곳에 갈 거니까 겁내지 말라"고 하고, "사랑한다"고. 그래 준민이도 저한테 하고 싶은 말 못 한 거 있으면…. 근데 제가 겁이 나가지고 굿을 못 하겠는 거예요. 제가 사실 종교는 없거든요. 그거는 진짜 제가 죽기 전에 한번 꼭 해보고 싶어요, 굿은.

면담자   혹시 가족분들 중에 굿을 해보셨던 분이 있으세요?

준민 엄마   없어요. 제가 그냥 혼자 제 생각이에요. 그렇게 해서라도 얘기 한번 해보고 싶어서, 다른 사람 몸 빌려서래도. 근데 겁도 나고 그게 안 될 수도 있잖아요.

면담자　　　　진짜 그렇게라도 이야기하고 싶으실 거 같아요.

준민 엄마　　　예. 근데 죽기 전에 한번 해보고 싶어요(웃으며 흐느낌). 맨날 그 생각 해요. 그리고 지나다닐 때도 보면 그런 깃발 꽂혀 있잖아요. 그러면 들어가 보고도 싶고. 근데 아직은 용기가 안 나서 혼자는 못 들어가겠는 거예요. 그런 데 한 번도 안 가봤거든요.

면담자　　　　가족분, 다른 가족분들과 그런 이야기 하세요?

준민 엄마　　　해요, 저희 동생하고. 그러면 동생은 이제 현실적이니까 "언니, 그거 다 사기라고" 그렇게 얘기하는데.

면담자　　　　다른 유가족분들은요?

준민 엄마　　　아, 저희 반 엄마들한테는 얘기해요. 언니들한테는 제가, 근데 언니들 그거 안 믿어요.

면담자　　　　하신 분도 있을 거 같은데 혹시 없으세요?

준민 엄마　　　듣기로는 없어요. 근데 생각하시는 분들은 계실 것 같아요, 저처럼. 저 맨날 생각해요. 어제도 분향소 가서 저희 반 성현이 언니한테 그 얘기 했어요. 근데 그 언니는 크리스천이에요, 교회 다니니까. 나보고 사기라고, 언니도 그러더라고(울음).

수학여행 준비와 떠나는 당일의 기억

면담자   어머님, 그 질문으로 다시 돌아올게요. 수학여행 관련해서 준비를 많이 하셨겠지만….

준민 엄마   저희 준민이는 수학여행 가기 전에 짐을 몇 번을 풀었다 쌌다 했어요. 짐도 얼마나 많이 싸갖고 갔나 몰라요. 집에 있는 옷 다 갖고 갔다니까요. 그리고 얘가 조금 패션에 관심이 많아요. 저희 준민이 전에 일곱 살까지 아역배우 했었거든요.

면담자   배우를 했어요?

준민 엄마   예. 저희 준민이가 그전에 '노란 손수건', 한가인하고 그 연정훈하고 결혼했거든요, 한가인하고 연정훈 아들로 나왔었어요, '노란 손수건'.

면담자   아, 정말요?

준민 엄마   예, 일곱 살까지.

면담자   어, 저 그거 봤는데.

준민 엄마   (웃으며) 아역배우 했었어요. 그 아들이 준민이예요. 그리고 켈로그 콘프레이크도 메인 화면에 준민이 나왔었고. 약간 그런 데 준민이가 좀 소질이 있어요.

면담자   배우는 어쩌다가 하게 됐었어요? 어머님이 이렇게 데리고 가셨어요?

준민 엄마   음, 애가 어릴 때부터 표정도 보면 사진 찍고 하면 표정도 잘 짓고, 일단 낯도 안 가리고 막 이러니까, 주위에서도 준민이가 예쁘게 생기고 이러니까 한번 그런 데 오디션 보라고 자꾸 그런 거예요. 어릴 때는 더 예뻤거든요, 준민이가. 그래 가지고 여의도에 연규진 씨가 하는 '인스타즈' 거기 가서 봤는데 합격한 거예요. 그래 가지고 그냥, 예. 근데 일단은 카메라를 겁내지 않고 말을 잘하고 하니까 많이 여기저기서 했어요.

면담자   어머님도 많이 바쁘셨겠어요.

준민 엄마   그래서 계속 저희 딸이 그 얘기를 한번 하더라고요. "엄마, 오빠 그만두지 않고 계속했으면, 오빠 사고 안 당했겠지?" 이 얘기를 하는 거예요. 이제 그 얘기는 준민이 그 『약전』에 보면 그 작가님이 ○○이랑 인터뷰한 데에 나와요. ○○이가 그 얘기를 했더라고요, 계속 연기를 했었으면 오빠가 사고가 안 났을 거고. (면담자 : 왜 그런…) 그러니까 오빠가 연기를 했었으면 단원고에 일단 갈 일이 없었을 거 아니에요? ○○이가 그 생각을 한 거겠죠. 그랬는데 초등학교 들어가고 학교랑 병행하다 보니까.

면담자   힘들어서?

준민 엄마   너무 힘든 거예요. ○○이가 어리니까 둘 다 데리고 새벽에 일산, 그 당시에 탄현, 거기까지 왔다 갔다 하니까 제가 너무 힘들었어요. 또 이제 초등학교 2학년 정도 되니까 본인도 힘들어서 못 하겠다는 거예요. 그래 가지고 그냥 그만두게 됐죠.

면담자   굉장히 다양한 경험을 준민이가 어렸을 때 했네요.

준민 엄마   준민이는, 예.

면담자   그 후로도 계속 연기나 이런 거에 관심이 있었어요?

준민 엄마   어쨌든 유치원에서나 이런 데서 하는 거 보면은 떨지 않고 당당하기는 했어요. 그러고 4학년 때 아빠가 돌아가시고 뭐 아빠에 대한… 저 역시도 아빠 몫까지 더 해줄려고 더 많이 노력했고. 근데 본인들도, 준민이도 이렇게 뭐 아빠 없다고 해서 기죽지 않고 더 당당하게 했던 거 같아요, 뭐든지 당당하게.

면담자   예. 수학여행 앞두고 옷 같은 거 많이 쇼핑했다고 얘기하셨는데요.

준민 엄마   쇼핑 엄청 했죠, 엄청 했어요. 그리고 그날, 이제 준민이가 나온 날도 새 옷, 새로 산 옷 입고 나왔더라고요. 제가 속옷, 양말까지 다 새 걸로 사서 넣어줬거든요. 근데 그 캐리어를 애가 2개나 가져갔어요. 2개나 가져가 갖고 하나만 나온 거예요, 지금 캐리어가. 하나는 지금 못 찾았어요. 근데 거기에 속옷하고 다른 옷은 다른 캐리어에 있고… 다 나왔더라고요. 목포 가서 찾아왔는데 옷을 엄청 싸갖고 갔어요. 얘가 또 옷을 막 입지 않고 갖춰 입어요. 그래서 제가 수학여행 가기 전에 정장을 사줬어요.

56

준민 엄마 김혜경

면담자　　　정장이요?

준민 엄마　　　가서 사진 예쁘게 찍고 오라고, 사진.

면담자　　　준민이가 사달라고 한 거예요, 아니면 어머님이 사
주신 거예요?

준민 엄마　　　본인도 입고 싶어 했고, 그래서 사진 있어요, 이날.
이날도 인증샷 찍었어요, 저희가. 찍어달라 그래서, 사진. 방에서
찍은 거가 있어, 정장. 또 그날 올레길, 얘네가 1코스, 2코스 걷게
돼 있어 가지고 아웃도어도 한 벌 사갖고 갔고, 아무튼 가는 코스
마다 옷을 준비해 간 거예요. 여기 (사진을 보여주며) 이거 그날 정
장 입고 찍은 거.

면담자　　　정말 세미정장이네요.

준민 엄마　　　응, 세미정장으로, 그날, 선글라스까지. 옷 같은 거
를 어릴 때부터 제가 신경 써서 입혀서 그런지 몰라도 약간 좀 옷
입는 게 감각이 있어요.

면담자　　　어머님도 학교운영위원이어서 수학여행 관련 준비
과정은 다 알고 계셨을 거 같아요, 공문 얘기라든가.

준민 엄마　　　그럼요. 제가 그날 아이들 갈 때, 4시 반에 준민이 캐
리어가 2개여 가지고 학교 갔었거든요, 가서 배웅 다 했거든요, 애
들 가는 거. 저희 5반 차에 올라가 가지고 담임선생님도 만나고 그
렇게 다 했거든요.

면담자   그날은 차로 학교에 데려다주신 거예요?

준민 엄마   준민이, 아이들은 오전에, 이제 얘네가 4시 반에, 6시 반에 출항을 하는 배기 때문에 4시 반까지 수업을 해요, 단원고는. 얘네가 여객선으로 수학여행 간 지가 3년째, 지금 준민이가 3년째예요. 그 전에 선배도 4시 반까지 수업을 하고 떠났고, 얘네들도 그날 월요일 날 4시 반까지 하고 떠난 거예요. 그래서 이제 아침에는 캐리어를 못 끌고 가니까 제가 캐리어를 2개를 갖고 갔죠. 학교로 갖다 주러.

면담자   그때 만나셨어요?

준민 엄마   만났죠. 손 흔들고 배웅 다 했는데. 배웅까지, 애들…. 5반 차에 올라가 가지고 애들한테 선생님 말 잘 들으라고… 그 얘기 한 게 후회스럽다니까요. 왜 선생님 말을 잘 들으라고 그랬나, 선생님 말 잘 들은 애들이 다 희생된 거예요, 애들이.

면담자   준민이랑 따로 한 이야기 같은 것도 기억에 남으세요? 그때 그냥 잘 갔다 오라고 하셨어요?

준민 엄마   잘 갔다 오라고, 말썽 피우지 말고. 그리고 배 난간에, 준민이가 저희랑 여행 갈 때, 그 금요일 날도 불꽃축제를 해요, 항상 선상에서. 근데 그날 여기 난간에 매달려 가지고 장난을 쳤었거든요, 준민이가.

면담자   어떻게 아세요? 연락을?

준민 엄마   아니, 아니. 저희랑 갔을 때. (면담자 : 아, 네) 그래서 제가 그거를 당부했어요, 그 전날부터. "준민아, 너 깜깜한 밤이니까 난간에 매달려 있다가 떨어져도 누가 떨어졌는지 밖으로 떨어지면 모른다. 절대 난간에 매달리지 말라"고. 그거 얘기했었거든요, 준민이한테. 그러고 그날도 그 얘기 또 했어요, 난간에서 장난치지 말라고.

면담자   준민이가 알았다고 했겠네요.

준민 엄마   알았다고 했죠, 걱정하지 말라고.

면담자   출발한 이후에 계속 문자라든가 연락 왔나요?

준민 엄마   계속했어요, 예. 전화 와서 배 출항 못 한다고, 안개 껴가지고. 문자로도 하고, 또 자기 전에 11시 넘어서 "엄마, 나 잘게. 잘 자, 사랑해" 하고 문자 온 것도 제가, 전 휴대폰에 다 있거든요.

면담자   핸드폰은 바꾸신 거예요?

준민 엄마   예. 그래 가지고 저거 중고폰으로 팔으라고 했는데 제가 안 팔았잖아요.

면담자   남아 있으니까.

준민 엄마   남아 있어서.

면담자   예.

준민 엄마   아… 아유, 슬프면서도. 그래 제가 그냥 저거 안 된

다고… 중고폰이… 그냥 놔뒀잖아요. 아유, 준민이[가] 사랑한다
[는] 소리 잘했거든요, 저도 사랑한다고 잘하고. 그런 말 표현을
잘하고….

6
준민이와의 대화 내용들

면담자   4·16 참사 이전 생활들을 주로 여쭤봤는데, 준민이
와는 보통 무슨 얘기를 많이 하셨어요?

준민 엄마   준민이하고? (면담자 : 네) 어, 여자 친구 얘기도 하고,
친구들 얘기. 뭐 만약에 심야영화관 갔다 왔다 그러면 지가 보고
온 얘기 조잘조잘 얘기하고. 그러고 미래 얘기도 했죠. "준민아 만
약에 여자 친구 만나면…" 그런 거 있잖아요, 여자 친구 만나면 넘
지 말아야 될 선, 넘어야[넘어도] 될 선 이런 거 성교육 그런 얘기도
많이 하고. 뭐 "미래에 너가 어떻게 살았으면 좋겠다" 그런 얘기도
하고, 많이 했죠.

면담자   준민이가 사귀는 여자 친구 중에 어머님도 아는 친
구가 있었어요?

〈비공개〉

준민 엄마   예, [중학교] 3학년 때도 같은 반이었고 둘이. 그래 가

지고 뭐 그런 거보다도 그냥 친구로서 친하고. 그래 나중에 제가 ×× 엄마한테 들으니까 ××가 그랬대요, "맨날 준민이가 매점에서 맨날 맛있는 거 사준다"고. 이제 저희가, 사실은 뭐 바빠서도 그렇고 안 바빠서도 그렇고 아이들 얘기 잘 모르잖아요. 근데 이 일이 있고 나서 이제 얘기를 많이 전해 듣는 거예요, "누구는 이랬대, 누구는 이랬대". 근데 ××가 엄마한테 가서 자랑 많이 했대요, "준민이가 매점에서 맛있는 거 맨날 사준다"고(웃음). 그랬다고 하더라고요.

면담자　　평소에 문자나 전화도 서로 많이 하고 대화도 많이 하셨을 거 같아요.

준민 엄마　　저요? 저는 많이 했죠. 대화도 많이 하고, 늘 문자하고. 그리고 준민이도, 준민이 별명이 '마마보이'예요, 친구들 사이에서 마마보이로 통해요. 정말 마마보이여서 그런 게 아니고 엄마 걱정 안 시킬려고 본인이 어디 나가면은 "엄마, 나 어디야. 어디 있다, 걱정 안 해도 돼. 잘 있다 갈게" 이러고 또 다른 데로 만약에 옮기면 또 "엄마, 나 어디 왔어" 이렇게 엄마한테 얘기해 주고. 제 별명이 '헬리콥터맘'이었잖아요.

면담자　　왜요? 아, 늘 헬기로 이렇게 보듯이?

준민 엄마　　헬리콥터맘이 위에서, 아시죠? 헬리콥터가 위에서 내려다보잖아요. 저희 아이들 다 내려다보고 뭐 하는지 다 안다고. ○○이도 맨날 그래요, 저를 헬리콥터맘이라고.

면담자　　　지금도 그러세요?

준민 엄마　　　지금은 더하죠. 그래서 저희 딸이 조금 부담스러워 해요. 지금은 또 아이가 하나이다 보니까 더, 더 그러죠. 어디 못 보내고, 불안해서. 이번에도 단원고에서 해외탐방 가요, 2박 3일로. ○○이는 가고 싶어 했는데 제가 안 된다고 그랬거든요. 왜 안 되냐고, 가고 싶다고. 근데 어디 집 밖에 내보내는 거 아직 불안해서 엄마 못 보낸다고, 이해해 달라고… 본인도 이해는 하는데 엄마한테… 제가 터치하는 게 많거든요, 불안해서, 밖에 내보내고 이러는 거. 그러니까 요 근처에서 노는 거는 괜찮은데 2박 3일을 중국에 무슨 대학을[에] 탐방[을] 간대요. 그거는 안 된다고 그랬죠, "엄마 한 번만 보내주면 안 되냐"고 그래서 안 된다고. "너 2박 3일 갔다 올 동안 엄마 잠도 못 자고 못 견딘다"고, 불안해서.

면담자　　　그러실 거 같아요.

준민 엄마　　　예.

7
참사 당일 진도로 내려가기까지의 과정

면담자　　　그럼 그날, 4·16 당일 관련해서 여쭤봐도 괜찮으시겠어요?

준민 엄마   예예.

면담자   알겠습니다. 힘드시면 언제든지 얘기해 주세요.

준민 엄마   괜찮아요. 이제는 많이, 이 얘기 물어보시는 분들 많아 가지고.

면담자   처음에 그 참사 소식을 들었을 때, 그때는 아직 어떻게 될지 모르는 상황이잖아요. (준민 엄마 : 예예) 그때부터 진도에 내려가기까지의 상황을 가능한 자세히 말씀해 주시겠어요?

준민 엄마   그날이요? 8시… 제가 알은 거는 9시 정도에 이제 배가, 침몰하는 배가 단원고 저희 아이들이 탄 배라고 한 거는 9시 조금 안 돼서, 제가 그걸 확실히 알은 거는 그때고. 처음에 그 배가 침몰한다는 소식을 들은 건 8시 40분이에요. 그때도 어떻게 이제 그 배가 침몰하는 소식을 들었냐면은, 제가 그 전 주에 친구를 만나가지고 친구한테 준민이 수학여행 가는 얘기를 했었어요. 수학여행 가는 얘기를 했는데 배 타고 간다고, 모임 친구들 만나서. 근데 친구가 8시 40분에 전화가 온 거예요…. 그때 제가 TV를 안 보고 있었거든요. 오전 시간인데[이라] TV를 안 보고 있었는데 전화가 온 거예요, 지금 진도에서 배가 침몰하고 있다고. 근데 그때 8시 40분에는 단원고라는 얘기가 안 나왔어요. 배 타고 간다고 이 친구한테 제가 얘기를 하니까 이 친구가 "혹시 준민이 무슨 배 타고 갔니?" 이렇게 물어보고[는] 전화가 온 거예요, 8시 40분에. 그래 가지고 "오하마나" 제가 이렇게 얘기를 했어요. "응, 다행이다. 지금 진도에서 배가 침몰하고 있는데 오하마나가 아니라[니까] 준민이가 탄 배는 아니구나" 이렇게 얘기를 하고 전화를 끊었어요. 그리고 제가 틀었죠, 그때가 YTN이었어요. 뉴스를 틀었는데 정말 배가 침몰하고 있는 거예요. 그때도 아무렇지가 않았어요, 제가. 그래 가지고 아, 정말 그때 저는 그 배를 보면서 '괜찮겠지' 생각을 했죠. 그때는 배가 정말 한 30도, 40도 이렇게밖에 기울어 있지 않았거든요. 다 물에 떠 있는 상태였어요, 밑에만 잠기고. '괜찮겠지' 대수롭지 않게 생각을 했죠.

근데 9시 조금 전 되니까 저한테 전화가 온 거예요, [학교] 운영위원장이, 학교, 단원고. 그때 준민이 2학년 때 제가 부위원장이었거든요. "부위원장님, 혹시 뭐 준민이한테 연락 온 게 없냐" 해요. 그때 준민이가 연락 온 게 없어요. 근데 준민이가 JTBC [〈뉴스9〉에서] 다섯 번째 편지 주인공으로 나왔어요, 다섯 번째 편지에. 근데 거기에 통화기록을 봤는데 8시 50분부터 저한테 21번을 통화를, 전화를 시도를 했어요. 그 기록이 남아 있어요. 근데 제가 "온 게 없어요" 그랬어요. 그랬더니 빨리 학교로 나오래요. 일단은 임원 먼저 소집을 시킨 거예요, 임원들 먼저. 그래 가지고 부랴부랴 이제 학교로 갔죠. "왜 그래요?" 그랬더니 그때는 이제 조그만 사고가 있다고 그러는 거예요, 조그만 사고가 있다고, 아이들 수학여행 갔는데. 근데 저… 제가 이제 2학년이니까 또 저도 안심시켜야 되고 하니까. 그래 가지고 그 시간에도 기자들이 그렇게 많지는 않았어요, 제가 학교에 도착했을 때는.

64

준민 엄마 김혜경

면담자   그러면 그때는 그 배의 사고인지는 모르셨겠네요?

준민 엄마   저는 몰랐죠, 학교는 이미 알고 있었고. 학교는 8시 50분에 알고 있었고, 이미, 학교는. 근데 제가 이제 2학년 당사자잖아요. 그러니까 저한테 학교로 좀 나오시라고 빨리… 그래서 "무슨 일이신데요?" 저는 그때 씻지도 않고 있었거든요. "무슨 일이신데요?" 그랬더니 "아이들 수학여행 간 데서 문제가 좀 있다"고 그래서. 일단 문제가 있다고 하니까 정말 그냥 집에서 입는 추리닝 입고 학교를 간 거예요. 갔더니 비상소집이, 이제 교무실에 막 선생님들 모여 있고 운영위원 여섯 명이 이제 저까지 모여 있더라고요. "왜 그러냐?"고 그랬더니 내가 이제 놀랄까 봐… 뭐 이러이러한 사고가 이제 있다고… 내가 아니라고, 그거 우리 배 아니라고, 그때까지도 저는 오하마나인 줄 알고… 왜냐면은 제가 그날, 여기 자료가… 연락을 받고.

면담자   '수학여행 사전 교육'이네요.

준민 엄마   예, 근데 예, 여기에는 그게 안 나와 있나 보구나. 이거 준민이 가방에서, 이거 시험지가 나온 거예요.

면담자   아, 가방에서요?

준민 엄마   예, 이렇게.

면담자   무슨 가방이요?

준민 엄마   캐리어에서. 이 가방이, 이게 나온 거예요. 그래서 이것도 다 지금 말려가지고 보관해 놨어요. 아, 그게 없어졌나 보다. 그래 가지고 갔는데 그때는 배가 조금 기울어서, 조금 기울어 가지고… 괜찮을, 저 역시도 괜찮을 줄 알았죠. 그리고 제가 저 휴대폰 충전을 안 해놔서… [당시 쓰던 휴대폰에] 그 교육청에서 온 문자가 다 있어요. '전원 구조'라고 확인해 주시고, 그러고 막 시댁에서도 전화 오고 막 이러니까 전화가 불통이 된 거예요, 여기저기서 전화가 오니까. 그 '전원 구조'라는 얘기 듣고 친정에도 전화하고 시댁에도 전화해서 "다 괜찮다"고, "애들 구조됐다"고.

근데 저희는 이제, 저희는 안산에서 진도까지 멀지만 하동에서 진도까지는 1시간 거리예요. 아주버님이 먼저 가보시겠다고 하는 거예요. 준민이가 나오면 놀랬을 테니까 아주버님이 먼저 가 있겠다고. "그러면 아주버님, 그럼 부탁드려요. 아주버님 먼저 가 계세요" 그랬죠. 아주버님이 준민이 데리고 오면, 여기서 다른 차를 섭외해서 애들을 태워서 보내기로 이렇게 얘기가 됐으니까.

근데 갑자기 9시, 제가 이제 준민이랑 9시 40분에 통화를 했어요, 마지막 통화를. 근데 애가 태연하게 배 안에 있으니까, 배가 크면 애들이 딱 기우는 걸 감지를 못[해서], 이게 저 밖에 보는 거랑 안에서 느끼는 거랑 다르잖아요. 그러니까 엄마, 걱정하지 말래. "걱정하지 말고 엄마 있어. 나 나가면 전화할게. 나 구명조끼도 입고 있어" 그렇게 얘기를 하는 거예요. 그래 가지고 그때까지도 마음을 놨죠. 근데 애가 암만 연락해도 전화가 신호는 가는데 안 받는 거예요, 준민이가. 그래 갖고 느낌이, 조금 마음이 제가 불안해지기 시작하는 거예요. 그리고 그때부터 9시 한 30분에 부모님들 이제, 벌써 막 고성을 지르면서 막 올라오니까, 막 소리를 내면서. 그때 소식을 듣고 오신 부모님들, 그리고 직장생활 하시는 분들은 더 늦게 오시고. 배가 그때 거의 90도, 9시 50분 됐을 때 거의 90도 기울었잖아요. 그때 학교도 그렇고 어디서 연락을 받았는지 이제 힘들다는 거를 알게 된 거죠. 그래서 저희가 섭외해 가지고 11시부터 버스, 안산에 있는 대로 해가지고 빨리 먼저 온 부모님들부터 내려간 거죠, 저도 그때 내려갔고.

면담자   맨 처음에 출발한 버스에 타신 거예요?

준민 엄마   예, 맨 처음은 아니고, 저희가 또 줄을 많이 서 있어 가지고 몇 번째인지는 모르겠어요. 왜냐면 버스가[를] 계속 버스를 대췄었거든. 여기 준민이가 배에서 찍은 사진이, 사진 보면은 이때만 애들이 나왔어도….

면담자   아, 그 사진은 준민이 휴대폰에서 나온 건가요?

준민 엄마   다른… 이제 준민이도 다른 애 찍어주고, 다른 애도 준민이 찍어주고.

면담자   예.

준민 엄마   이거 배 위에서 지금 지 침대 위에서 찍은 사진. 이렇게 좋아 가지고 찍은 거예요, 이거 배 도착해 가지고 그거… 배에 올라가 [가]지고 찍고. 이거는 이게 몇 시냐면은, 이거 봐봐, 이때가 9시 1분이야. 이게 지금 준민이거든요? 9시 1분에 지금 구명조끼 입고 대기하고 있는 모습이야, 이게 지금.

면담자　　　아, 맨 왼쪽이 준민이죠?

준민 엄마　　응, 앞에. 9시 1분이면, 이때만 애들보고 나오라고 그랬어도. 애들 솔직히 고2면은 지네가 구명조끼 입었으면은… 애들 구명조끼, 준민이 같은 경우는 한강에서 컵스카우트 하면서 30분 그 안전교육 받았어요, 구명조끼 입고 떠 있는 것도. 그랬으면 애들이, 다 큰 애들이 요령 있어서 다 떠 있는단 말이에요, 물 위에. 그러면 애들 다 살았지. 이렇게 가만히 대기하라고 했으니까… 지금 이렇게 애들이 다 돌아오지 못한 거 아냐(침묵).

면담자　　　그 9시 40분에 문자 온 게….

준민 엄마　　"엄마, 괜찮다"고.

면담자　　　그 전에는 연락이 안 됐던 건가요?

준민 엄마　　그 전에도 잠깐잠깐 했는데, 정말 몇 초 간격으로 왔는데 "엄마, 잠깐" 뭐 이렇게 하고. 그러니까 끊긴 게 아니고 자연적으로 전파가 끊긴 거예요. 근데 40분에는 조금 통화를 했어요. 내가 너무 후회되는 게 이렇게 못 볼 줄 알았으면 그날… 아후, 사랑한단 말이라도 해줄걸. "엄마, 나 나갈게" 이래서… 나간 줄 알았지.
　　　그리고 선생님이… 또 애들을… 애들 그 휴대폰 복구했는데 거기 톡 있잖아요. 애들 단톡에 다 내려오라고 선생님 문자를 한 거

준민 엄마 김혜경

예요. 애들한테 톡을 다 날렸더라고…. 아우, 난 그것도 너무 원망스러워. 왜 애들을 다 들어오라고… 그 내용이 있다고요, 톡에. 우리 반도 그렇고 8반도 한 명 생존했거든요. 8반 선생님도 그게 톡이 남아 있더라고요, 애들한테 "얘들아, 다 배 안으로 들어와라, 밖에 위험하다"고…. 근데 그게, 아까 준민이 그 봤죠? 사진, 신문기사 난 거. 그 B라고 한 명 생존했지, 걔가 8반이야. 걔한테 내가 물어봤거든. "B야, 어떻게 해서 너는 나왔니?" 얘가 저한테 엄청 미안해해요, 지금도. 준민이 못 데리고 나와서 미안하다고. 그래 내가… 처음에는 사실 조금 보기가 힘들더라고요. 근데 나중에는 그랬지. "너도 힘들었을 텐데 그런 생각하지 말라"고. 근데 지네 반도 다 선생님이 내려오라고 했는데, 지는 안 내려갔다잖아. 〈비공개〉

내려가면서도 우리 다 통곡한 게 그 화면에 TV를 틀어준 거야, 기사 아저씨가. 그러니까… 아니 내용은 들리지 않고 화면만 보니까 막 배가 그때 완전히 침몰한 상태인 거예요. 그러니까 난리가 났지, 차 안에서 막 엄마들이. 그래도 우리는 또 내려가서도 뭐 "48시간 안에", "그 안에 에어가 있어서" 어쩌고저쩌고 그 말도 다 믿었잖아요. 다 믿고, 애들 살아 있을 거라고 하고 또 애들 이것저것 통신에 나오니까. 애들 여기 몇 명 살아 있다고 올라오고, 그거 희망만 또 갖고 부모들이 애들 살아 있을 거라고 그랬잖아.

면담자   진도 도착해서는 어떤 상황이었어요?

준민 엄마   아주버님이 진도 팽목하고 진도체육관에 애들을 다 하나하나 살피는데 준민이가 없다고 그 전에 전화가 온 거예요. 제가 차 타고 가는데 "제수씨, 준민이가 없대요." 그래 내가 아니라고, 아주버님 제대로 찾았냐고 그랬더니 애들이 몇 명 없다는 거예요, 준민이가 없대. 그래 아주버님, 애들 실려 간 병원에 가봤냐니까 가봤대, 목포병원하고 다 갔었대, 없대. 준민이랑 몇 시에 통화했냐고, 9시 40분에 나온다고 했다고. 그러니까 C 씨가 얘기했잖아요. 그 시간에 애들이 막 몰려나올 때 갑자기 물이 찼다고, 준민이가 나온다고 하다가 못 나온 게 그것 때문에 못 나온 거야, 나오다가(침묵).

면담자　　　진도에서는 이제 체육관으로 가신 거예요?

준민 엄마　　예, 일단 체육관으로 갔죠. 차를 일단 체육관에 내려주더라고. 그래 갖고 우리보다 먼저 간 엄마들이 꽤 많이 있더라고, 부모님들이. 우리 전에 한 2대가 차가 갔어, 미리. 그러니까 그때 더 아수라장, 체육관 안에 막 아수라장인 거예요, 우리[는] 나중에 가고. 체육관 앞에, 하얀 전지에 최종 명단이 올라와 있는 거예요. 없는 거야, 준민이가. 아주버님한테 미리 전화도 받았고… 준민이가 없대. 애들한테 물어봐도 모른다고 했대, 준민이를. 그래 가지고 그때부터 뭐 준민이 23일 날 나올 때까지는 체육관, 잘 때는 체육관에 있고, 낮에는 팽목[에] 가 있으면[서] 멍청하게 있다가, 다시 또 자러 체육관 와서 잠자고, 낮에는 또 팽목[에] 가 있고, 일주일 그렇게 했죠, 뭐.

8
참사 초기 진도체육관에서의 상황

면담자　체육관에서 있었던 일들이 굉장히 많잖아요.

준민 엄마　엄청나죠.

면담자　좀 얘기해 주시겠어요?

준민 엄마　체육관에서 있었던 얘기도 하나도 진실이 없고 다 거짓이잖아요.

면담자　예. 그래서 유가족분들의 이야기를 많이 수집하고 있거든요.

준민 엄마　저희는 넋 놓고 그냥 있었죠. 〈비공개〉 준민이는 23일 날 나오고. 엄마들이 거기서… 진짜 뭐 밤새 잠도 못 자고 울기만 했죠. 울다가 지치면은 잠깐 누워 있다가 또 일어나서 울고. 거기 입구에다가 인상착의 붙여놓으면은 정말 우르르, 우르르 나가가지고 그 인상착의 확인하고. 또 [그 인상착의가 자기 아이와] 맞는 엄마, 18일까지는 맞는 엄마개 있으면 서로 위로해 주고, "어떡하냐"고, "애기 그렇게 돼서 어떡하냐"고 이러고. 3일째 돼서는 마음이 너무 불안한 거예요. '왜 내 애는 안 나오나, 빨리 나왔으면 좋겠는데…' 다른 사람들 위로하다가 이제 내 새끼 빨리 나오길 기다리고, 아후.

면담자   그때 진도대교까지 간다든가 하셨어요?

준민 엄마   진도대교까지 갔었죠.

면담자   아, 어머니도 가셨어요.

준민 엄마   저희 안 간 사람 없어요. 정말 체육관이 아무도 없을
정도로 다 몰려갔죠, 애들 구해야 되니까. 안산에 있는 사람들이나
다른 사람은 다 전화 와가지고 왜 못 찾냐고, 배 지금 수색, 몇백 대
가 와서 수색한다고 하는데 왜 이렇게 늦어지냐고 물어보지, 우리
가 본 거는 정말 배 서너 척 떠서 찾지도 않고 배 얼마나 가라앉나
보고 있는 정도인데 위에서는, 위쪽에서는 안 와본 사람들은 왜 이
렇게 늦냐고 그러지. 그리고 2, 3층에, 우리 밑에 있고 2, 3층에 보
면은 카메라들 후레시[플래시] 터지는 소리 들려도 누구 하나 [언론
에] 내보내는 사람[은] 없지. 그러니까 아버님들 열받아서 거기 카메
라 다 부수고 그랬잖아요. "니네 똑바로 안 하냐"고, "이럴러면 찍
지 말라"고 그러고. 우리는 그때는 정말 몰랐는데 우리 사이에, 우
리는 무조건 체육관에 있으면 가족인지 알잖아요. 근데 가족 아닌
사람들이 거기 벌써 들어와 가지고, 사복경찰들이 벌써 들어와서
가족인 양 옆에 있으면서 우리가 주고받는 얘기 듣고… 그걸 몰랐
지, 우리는.

면담자   어머님도 만나셨어요? 그 사복경찰이라는 사람들.

준민 엄마   그 사람이 사복경찰인 거 나중에 알았지.

| 면담자 | 이야기도 많이 하셨었어요? |

준민 엄마   했죠. 그때는 자원봉사들도 많이 왔잖아요. 그러니까 정말 우리 위로해 주러 온 사람들인 줄 알고 얘기하면, 물어보면 대답하고 이렇게 했죠. 근데 거기에 이렇게 와서 있을 줄을[은] 몰랐지, 우리는 전혀. 나중에 그거 들으니까는, 그것도 아버님이 어떻게 밖에서 통화하는 걸 듣고 들어와 가지고 다 잡아낸 거야. 여기 가족 아닌 사람, 있는 사람 있으면 하고 다 잡아냈잖아.

| 면담자 | 반별 회의는 언제 시작했어요? |

준민 엄마   반별 회의요? 한 3일째 되는 날부터 했던 거 같아요. 3일째 되는 날부터 방송해 가지고 뭐 몇 반은, 주먹구구식으로 몇 반은 스탠드 번호 얘기하면서 어디 스탠드 앞으로 와라, 몇 반은 어디 스탠드 앞으로 와라 이렇게 해서 모이게 돼서 그때 이제 5반 부모님이라고, "5반이세요?" 그러면 "네" 그러고, 그렇게 해서 알게 된 거죠. 한 3일 됐을 때부터 한 거 같아요.

| 면담자 | 그때 안건이 뭐였어요? 처음에 회의할 때? |

준민 엄마   처음 회의할 때… 뭐였지? 기억이 안 나냐, 갑자기.

| 면담자 | 그 사찰하는 사람들 때문에 회의가 열렸던 건가요? |

준민 엄마   아, 그거로 인한 회의[는] 아니었어요. 그때 그걸로 인해서 그 사람들 다 내보냈지. 내보내고, 아마 아이들 찾는 거에 대해서 얘기했던 거 같아요. 그 어떻게 구체적으로 그건 기억이 안

나. 회의를 자주 했는데, 자주 했어요, 하루에도 몇 번씩 모이라고 해서 했어. 근데 구체적인 건 생각이 안 나네.

면담자   모이라고 한 거는 어머님, 아버님들이 중심이 돼서 한 건가요? 회의하니까 모이라고 마이크 잡는 사람은 누구였어요?

준민 엄마   그때 그 김빛나라 아빠 있잖아요, 전 위원장. 그 사람이 처음에, 빛나라네, 저는 빛나라 언니를 원래 고등학교 때부터 알고 있었어요. 둘째도 똑같아, ○○이랑 고2, 언니를 미리 알고 있어서 언니만 여기 와 있고 아저씨는 팽목항에 가 있었어요. 저희가 처음에 이게 주먹구구식이었던 게 정말 그때 이틀째, 두 번째 되는 날 박근혜 왔었잖아요. 그날 뭐든지 부모님들이 원하는 건 다 들어주고 장례 절차며… 그때는 차웅이하고 남윤철 선생님하고 희생자가 몇 명 없을 때였어. 우리는 이제 모두 아이들이 살아 있을 거라고 희망을 갖고. 두 번째 날 와가지고 수색, 우리가 원하는 대로 해줄 거고, 다 해준다고 한 거야. "우리 부모님", 그때는 유가족도 아니었어, "부모님이 원하는 거 다 해주겠다" 그래서 그거 말 믿고 있었죠. 근데 둘째 날 왔다 갔는데, 셋째 날도 수색 이거 하나도 안 한 거야. 이유가 비가 와서… 비가 와서 안 한다고 한 거야. 세 번째 날까지 비가 왔잖아. 이유가 비가 와서 안 한대요. 우리는 지금, 부모들은 애가 타 죽겠는데 비 오는 게 지금 문제냐고.

그리고 뭐 잠수사들의 안전이라고 그랬잖아. 근데 그때 우리를 도와주겠다는 민간 잠수사들 있었잖아. 서명하고, 내 목숨, 내가

준민 엄마 김혜경

서명하고서라도 들어가겠다. 근데 해경들이 지네가 못 가게 한 거야, 지네 체면 때문에. 자기네가 못 하는 걸 민간 잠수사들이 하면 안 되니까. 그래 가지고 그때도, 빛나라 아빠가 위원장 이런 개념도 없었어요. 그 해수부 이쪽 갔다가 저쪽 갔다가 팽목에서 한 번 브리핑하고, 체육관에 브리핑하고 왔다 갔다 하는데, 빛나라 아빠가 팽목에 있으면서 브리핑하고 같이 이렇게 이동을 하다 보니까 어떻게 그냥 이 아빠가 하게 된 거예요. 〈비공개〉 근데 우리가 누구라도 정말 하나는 짐을 지긴 져야 되는데 우리도 그때 누가 누구 부모님인지 모르는 상태고 그러니까. 그냥 그렇게 해서 그 아빠가 총대를 메게 된 거예요. (면담자 : 우연하게?) 우연하게 그냥 그렇게 된 거야. 그 바람에 이제 하나둘씩 찾아서 장례 치르고. 5월 초에 위원장으로 우리가 선출을 했지만 어떻게 그렇게 돼서 그냥 했지. 된 거예요 그냥, 그 사람이, 위원장이.

면담자　　　어머님께서는 계속 아주버님이랑 같이 계셨어요?

준민 엄마　　예. 저희는 시댁 식구가 다 왔었어요, 체육관에. 교대로도 오고 다 왔었어요. 저희는 또 아버님이 그런 거를 엄청 중요시 생각해요. 그러니까 무슨 큰일 있으면, 경조사가 있으면 육촌까지 정말 다 와요. 저희 준민이 장례식도 그 종갓집 절차대로 했거든요. 육촌들, 삼촌들까지 다 와가지고, 응. 물론 나이는 어리지만 고인이기 때문에 다 절차대로 해야 된다고 아버님이 그러셔서 가지고(침묵).

9
준민이를 다시 만나기까지의 과정

면담자   준민이 다시 만나기까지 기다리던 상황과 느낌에 대해서 좀 힘드시겠지만 말씀해 주시겠어요?

준민 엄마   어… 상황과 느낌이요? 제가, 뭐 저뿐만이 아니겠지만 막연하게 기다린 거예요. 저희가 진짜 바다에 뛰어들 수도 없잖아요, 없는 상황이고. 부모라면 누구라도 그래야 되겠지만 또, 또 그렇게 안 되더라고요. 팽목에 가도 바다만 그냥 막연히 보고, 다시 오후 버스 타고 진도체육관으로 와서 멍하니 있다가 또 졸려서 지쳐서 자는 거야, 울면서. 그리고 그 옆에서 이제 삼삼오오, 저는 수진이하고 빛나라하고 3반에 예슬이 엄마, 또 거기도 가니까 안면 있는 엄마끼리 삼삼오오 모이게 되는 거예요. 그 주위에 아는 엄마끼리 모여서 얘기하고, 애들 얘기 하고 서로 한탄하고 또 같이 붙잡고 부둥켜[안고] 울고 이러면서 지냈어요. 밥도 못 먹, 밥도 못 먹었죠, 다들. 그러다가 23일 날 아침에, 그때는 씻을 데도 없었어요, 저희. 화장실에서 그냥 양치만 할 정도였지….

근데 그날 23일 날 제가 처음 머리를 감았어요. 사실 머리를 감을 상황도 아니었는데 일주일 되니까 막 못 견디겠는 거예요. 그래 갖고 머리를 감고 수건으로 대충 말리고 진도체육관에 왔는데… 그러니까 저희가 하루 종일 하는 일은 팽목 가도 팽목 천막 안에 아이들 인상착의 나온 거 훑어보는 거, 그리고 체육관에서도 이렇게 웅크리고 앉아서, 체육관 이 스크린 있죠? 거기에 팽목에서 먼저 아이 확인하고, 그 해경들이 바지선에서 확인하면 그 인상착의를, 지네들이 학생증이 나오면 얘기가 나오고 안 그러면 아이 인상착의만 해가지고 팽목에 먼저 붙여놔요. 그걸 찍어서 이제 체육관 스크린에 보여줘요. 그럼 멍하니 보고 있는 거예요, 이렇게. 보고 있다가 어! 내 아이랑 비슷하면 어디로 가냐면 그 앞에 상황실, 또 따로 있어요. 준민이가 136번이에요, 그러면 가서 '136번 아이 우리 애 같다' 상황실에 얘기를 하면 거기서 바로 안 보내요. 그 전에 두 번이 바뀐 일이 있었잖아요. 그래 가지고 안 보내. 안 보내고 가령 뭐 어떠어떠한 상황이 맞냐, 뭐 특이사항, 치아교정을 했다 뭐 했다 이런 얘기를 하면, 거의 맞으면 이쪽에서 보내준단 말이에요.

그러니까 보고 있는데 그때가 제가 준민이 통화했을 시간인 거예요. 그날 아침에도 제가 밑에 동생한테, 인숙이 친구 수진이 엄마한테도 "야, 나 아무래도 오늘 준민이를 만날 거 같다"고 그랬어요. "아무래도 내가 오늘 너무 심장이 뛴다"고, 그리고 "오늘은 머리를 좀 감아야 되겠다"고. 동생이 언니, 하지 말래, 기운도 없는데 어디 가서 머리를 감냐고. 그래서 "화장실에서라도 좀 감아야 되겠다"고 해서 제가 머리를 감고 털고 나왔어요, 그날. 일주일 만에 머리를 감은 거야.

근데 이렇게 보는데… 이름은 없고, 그때 준민이 키가 177이었거든요. 근데 키 175에, 블랙야크 아웃도어 옷에, 준민이가 또 찾는 메이커들이 다 나오는 거예요. 인빅타 시계에다가, 준민이가 또 닷 돈짜리 금반지를 끼고 갔어요, 외할머니가 그 전해에 생일 선물로 용무늬 반지를… 그러니까 저희 준민이가 첫손주니까 엄마, 아빠가 거의 준민이 해달라는 거 다 해줘요. 준민이 생일이 11월 20일이에요. 엄마가 "준민아, 생일 선물로 뭐 갖고 싶냐?"고 하니까 준민이가 "할머니, 나 반지 사주세요" 그랬어요. 어떤 반지 살까? 용무늬 반지 갖고 싶다고 그래서 엄마가 그 전해에 준민이 생일 선물로 닷 돈짜리 용무늬 반지를 사줬어요. 그래서 제가 그 전날에 준민이 보고 반지 못 끼고 가게 했어요. 고가잖아요. "준민아, 너 반지 끼고 가면 잃어버려도 찜찜하고 하니까 가져가지 말아라." 그러고 아이들 유의사항에 귀중품은 못 갖고 가게 써 있었어요. 비싼 시계, 고가의 옷, 비싼 카메라 이런 것 다 금기 물품이었어요. 준민이 시계도 비싼 거예요. 근데 시계는 시간을 봐야 되니까 가져가라고 했어요, 시계는 끼고 가도 되는데 반지는 가져가지 말아라. 근데 거기에 화면에 용문양의 금반지가 눈에 딱 들어오는 거예요. 그래 가지고 제가 동생한테 "너 봤어?" 그랬더니 동생이 못 봤다는 거예요.

면담자   동생이면?

준민 엄마   제 밑에 동생. 화면에… 이모가 못 봤대. 근데 그 화면이 금방 넘어가요, 아이들이 많으니까. 그러고 준민이 나오던 날에 40명이 넘게 제일 많이 나온 날이에요, 23일 날. 근데 못 봤대요. 그러면 너 빨리 저거 눈, 눈 떼지 말고 보라고, 계속 또 화면이 몇 개가 넘어갔어요. 넘어가서 또 그게 나오는데 동생도 그걸 본 거예요. "언니, 아무래도 준민이 같다"고. 저거 엄마가 해준 반지, 근데 저는 그랬죠, "준민이가 그 반지 안 끼고 갔을 텐데". 저는 안 끼고 간 줄 알았어요.

면담자   근데 가져갔던 거예요?

준민 엄마   끼고 간 거예요, 나 몰래. 근데 지금 생각하면 그것 때문에 찾은 거죠. 키도 다르게 나오고 블랙야크, 그리고 거기에 보면은 신발, 옷 이런 거 다 자세하게 적어요. 적어놨는데 또 리복 퓨리 운동화 이렇게 나왔더라고요. 그래서 맞는 거 같아서 상황실에 갔죠. 가가지고 "136번이 제 아들인 거 같다", "어떻게 왜 그러냐"고⋯ 뭐가 "인상이". 그래서 제가 준민이 반지, 용무늬 반지 찍은 거를 보여줬어요. 근데 이미 거기에는 우리한테 안 보여주는데 아이들 찾아서 그 사체 사진 있잖아요. 그게 상황실에 이미 전달이 돼요. 그러면 이 사람들이 아이 그 치아교정이면 치아교정 확인해서 찾게 해주더라고요. 맞다고 그러더라고요, 가보라고.

그래 가지고 이제 팽목에 간 거예요. 팽목에 가가지고 또 한참 기다렸죠. 또 거기서도 아이들, 그 당시에는 몰랐죠, 근데 시간이 많이 지나고 보니까 건지고서도 아이들이 조금 그래서 자기들이 1차로 수습을 하는 시간이 있어서⋯ 저희는 그걸 모른 거죠. 오히려 찾은 사람은 애가 타는 거예요, 빨리 아이 봐야 되는데. 그날도 저희 5반에서 일곱 명이나 나왔어요. 그래 가지고 기다리는데 1시간이 지나도 안 오는 거예요. 이제 먼저 수습한 아이들 보내고, 그때 거기도 그 아이들 수습해 놓은 데도 좁아서 아이들 많이 못… 데려다 놓으니까 자기들도 119 구급차에, 그 냉동안치실도 23일 날 저희들 때문에 그거 생긴 거예요. 아이들 너무 많이 나와서.

면담자   그날 40명이.

준민 엄마   예, 23일 날. 그래 가지고 그날 성호도, 박성호, 저희 반에, 그 언니도 같은 중학교라 잘 알거든요, 성호 엄마. 성호도 그날 같이 나왔어요, 준민이랑. 그래서 언니랑 막 애타게 기다렸죠. 애들이 안 오는 거예요. 그래 가지고 기다리니까, 1시간 지나니까 데리고 온 애들 부르더라고요. 성호랑, 같이 언니랑 들어가고, 준민이랑 나란히 있더라고요. 준민이는 들어가 가지고 들어가자마자 처음에 있는 거예요, 그날. 블랙야크 그거 옷 입고. 그냥 자는 것처럼 누워 있더라고요, 자듯이. 그날 너무 준민이는 깨끗했어요. 다른 아이들은 좀 상처 있는 아이들도 있었대요. 근데 준민이는 제가 옷도 다 올려보고 했는데 상처도 없이 신발도 딱 신고 나왔더라고요. 휴대폰도 주머니에 넣고, 자기 물건 잘 챙기거든요. 휴대폰도 주머니에 넣어서 자크까지 잠그고. 또 다른 사람, 다른 친구 휴대폰도 갖고 나온 거예요. 그러니까 그 친구가 주머니가 없어서 준민이보고 넣어달라고 했나 봐, 양쪽에 휴대폰을 갖고 나온 거예요. 나중에 그 휴대폰 복원했더니 우리 반에 진환이 거 갖고 나온 거예요. 그래 갖고 진환이 엄마가 고맙다고, 그래도 휴대폰 찾아서. 진

준민 엄마 김혜경

환이는 29일 날 나왔거든요, 준민이는 23일 날 나왔고.

근데 그날도 저희가 애 탄 생각, 안산에 올라올 때까지 애 탄 생각하면… 그 몇 시간을 찾고 바로 온 것도 아니고 또 DNA 검사해 가지고 7, 8시간 기다려서 준민이도 밤 12시에 출발해서… 도언이 언니랑 나랑 거기서 막 119 차에 드러눕고 그랬다니까요. 아이들 빨리 달라고, 내달라고…. 도언이도 23일 날 나왔거든요.

면담자   그게 아이들 많아 늦어졌던 건가요? 〈비공개〉 그럼 12시에나 보내준 건가요?

준민 엄마   준민이는 일찍 온 편이에요, 준민이는. 도언이는 그 다음 날 왔거든요, 같이 찾았는데. 도언이 언니랑 저랑 완전 거기 서 둘이서, 제가 평생 안 한… 그 거친 욕 있잖아요. 평생 제가 할 욕을 거기 팽목항에서 다 했다니까요, 그날 도언이 언니랑 나랑. 저희 진짜 막 드러눕고 안 해보지 않았어요[안 해본 게 없었어요]. 애 들 빨리 내달라고, 우리 안산으로 데리고 가게. 지네들은 DNA 검 사 해야지 보내준다고. 그래 가지고 제가 그때 거기가 어디냐면은, 제가 인터뷰를 했어요, 그날 방송사가…. 팽목항에 가서 아이들[을] 찾았는데, 그 안에 아이들 수습하는 데도 엄청 주먹구구식으로 해 놨었어요, 안치실도. 그게 어떤 식으로 돼 있었냐면은 안치실 안에 이렇게 그냥 칸칸이 밀어 넣듯이, 안치실이 부족해서 아이들 그냥 마구잡이로 넣어놨던 거예요. 그래서 아이들이 정말 바뀔 수도 있 는 상황인 거예요. 그래서 우리가 "아이들을 왜 안 보여주냐? 보여

달라" 그랬더니 지네들은 DNA [검사할 때까지 안 된다[고] 그래서, 우리가 그러면 "아이들이 바뀐 거 아니냐? 니네들 충분히 그럴 수 있다" 막 이래 가지고… 그때 저하고 제 동생하고 인터뷰를 했어요. "아무래도 저 안에서 아이들이 바뀐 것 같다", 그러니까 "부모님들한테 양도를 안 해주는 것 같다", 막 그랬더니 나중에 준민이 부모님을 찾더라고요, 저를 찾는 거예요. 갔더니 준민이 보내주겠다고, 다시 안치실로 부르더라고요.

면담자   워낙에 확실하니까 먼저 보내준 건가요? 아니면 DNA 검사가 나온 건가요?

준민 엄마   DNA 검사가 나오기 전에 이 사람들이 어떤 절차를 밟았냐면요, 아이들을 양도받기 전에, 그러니까 아이들 보기 전에 A4 용지에다가 아이들의 특징이나 인상착의 있잖아요. 뭐 치아교정이면 치아교정, 덧니면 덧니, 이런 걸 자세히 쓰라고 A4 용지를 하나씩 줬어요. 준민이 같은 경우는 여기 오른쪽 눈 위에 까맣진 않은데 약간 피부색보다 조금 검게 눈두덩이에 반점이 있어요. 그 걸 제가 빼주려고 했는데 병원에서 눈 위라고 조금 더 크면 하라 그래서 제가 못 뺐거든요. 이게 있고 오른쪽에 덧니가 있어요. 그런 얘기를 적었어요. 적고 준민이를 봤는데, 나중에 오라 그래서 갔더니 준민이가 맞냐고 다시 재확인을 해서 맞다고 그랬어요. 그 랬더니만은 데리고 가도 된다고. 그래 가지고 119 차 타고, 다른 가족들은 다른 차, 개인 차 타고 오고. 저희가 4월까지는 119 차를 타

82

준민 엄마 김혜경

고 오고 5월부터는 헬기로 이동했거든요, 그때는 더 더워서. 그래서 저희는 119 차로 이동했죠. 저하고 동생 같이 해가지고… 그렇게 왔죠.

면담자   그때 올라오실 때는 동생분만 같이 오신 거고 다른 가족이나 친척분들은?

준민 엄마   다 뒤에 따라왔죠, 뒤에 따라오고. 119 차에도 처음에는 보호자 하나만 타라는 거예요, 하나만 동승할 수 있다고. 제가 그때는 몸도 안 좋고 하니까, 제가 빈혈이 심하고 저혈압이라서 자주 기절을 하거든요, 몇 번씩. 그러니까 동생이 언니 안 된다고 그래서 같이 탔거든요.

면담자   진도에서도 계속 기절하셨어요?

준민 엄마   저 몇 번 기절했어요. 몇 번 기절해서 자가호흡 안 돼가지고 목포병원까지 가서 산소호흡기 꼽고도 있고 그랬어요.

면담자   일주일간 계실 때요?

준민 엄마   예.

10
참사 후 가족들의 상황

면담자   그럼 이제 준민이 데리고 올라와서 이후 장례는 어떻게 진행을 하셨어요?

준민 엄마   23일 날 12시 출발해[서] 24일 날부터 준비를 해가지
고 26일 날 장례를 치렀죠.

면담자   친척분들 다 올라오시고.

준민 엄마   예. 26일 날 장례 치르고, 장례 치르면서 저 몇 번 기
절해 가지고 준민이 그 마지막에 염할 때도 기절해 가지고(침묵).
잘 보내고 삼우제 치르고… 제가 피곤하고 막 이래서, 긴장이 좀
풀렸다고 해야 되나요, 다 이렇게 치르고 나니까. 그때 제가 갑자
기 막 하혈을 하고 기절해 가지고 고대병원에 입원했었어요, 일주
일. 스트레스 너무 받고 못 먹고, 모든 부모님들이 그러시겠지만
가장 이렇게 좀 그런[약한] 데로 그게[증상이] 나타난다고. 그래 가지
고 또 일주일 입원해 있다가, 5월 8일 날 어버이날 퇴원했죠.

면담자   혹시 준민이 동생은, ○○이는 그 과정 동안 계속 안
산에 있었나요?

준민 엄마   어, ○○이는 안산에 있었어요. 동생하고 저희 친정
엄마, 아빠도 이렇게 길어질 줄 몰랐던 거예요. 저도 ○○이한테
계속 "오빠 데리고 갈게". ○○이 같은 경우도 수업을 하고 있는데
담임선생님 와가지고, 이 사실을 알고 각 반에 아이들한테 물어봤
나 봐요, 혹시 단원고에 언니 오빠 있는 사람 손들어 보라고. 그래
서 손을 들었더니 잠깐 나오라 그래서 아이들 모아놓고 얘기를 했

나 봐요. 그래서 ○○이도 엄청 충격받아 가지고 울며불며 전화 온 거예요. "엄마…" 선생님이 이제 안심을 시켰더라고요. 울고불고… "엄마, 어떻게 된 거냐"고, 오빠. 그때 제가 진도 내려가는 차를 타기 전이었어요. 그래서 "오빠 괜찮다"고, "엄마 지금 오빠 데리러 진도 가니까 내려갔다가 오빠 데리고 올 테니까"… 저희 동생이 안산 살아요, 막내가. "이모 와 있을 거니까 걱정 말고 학교에서 있어" 그랬는데 학교에서 자기도 그 얘기 또 들은 거예요. 뭐 배가 침몰하고 이런 상황을. 또 전화 와가지고 "오빠 어떻게 된 거냐"고, 저도 그때까지도 "괜찮다"고, "오빠 괜찮으니까 걱정하지 말라"고. 근데 하루 지나고 이틀 지나니까, 매스컴에 보니까 상황이 또 그러니까 본인도 이제 알게 된 거죠.

면담자   예. 많이 충격을 받았겠네요.

준민 엄마   힘들어했죠. 후회도 많이 했어요. 오빠랑 싸운 거 후회하고, 티격태격했던 거 후회하고. 준민이 보러 효원 가면, 일요일마다 가거든요, 오빠한테 맨날 편지 써놓고 와요. 오빠, 싸웠던 것도 미안하고 너무 그립다고, 다시 내 오빠로 태어나 달라고, 그렇게 편지 써놓고 와요.

면담자   보통 사람들은 상상하기도 어려운 힘든 날들인데…. 또 다른 학생들은 부모님이 다 같이 내려와 있다든가, 한 명은 안산에서 다른 형제 봐준다든가 했는데 (준민 엄마 : 그죠, 그죠) 어머님은 혼자셔서 (준민 엄마 : 네) 더 힘드셨죠?

준민 엄마   그쵸. 애들 아빠 생각 엄청 많이 났죠. 그 전에는 생각 많이 안 하다가 이렇게 되니까 생각도 많이 났지만…. 〈비공개〉

면담자   왜요?

준민 엄마   그냥… 그러니까 원망이 되더라고요, 잘못도 아닌데. '살려주지, 준민이 살려주지 왜 안 살려줬냐'고. 저 지금도 그런 생각해요, 너무 미워가지고. 효원에 같이 있거든요. 효원에 먼저 애 아빠가 있어가지고 준민이를 그쪽으로 한 건데, 가면은 맨날 얘기해요. 그리고 또 한편으로는 '준민이 또 외롭지 않게, 혼자 아니니까 잘 챙겨주라'고 얘기하고, '잘 지내'라고. '준민이 그쪽에서, 이쪽에서 못 해줬던 거 더 잘해주라'고. 한편으로는 그런 면에서 조금 마음이, 조금 제가 좀 덜한 거는 있어요. 애 아빠가 또, 뭐 믿든 안 믿든 그래도 같이 있다고 생각이 드니까. 근데 처음에는 저 엄청 원망했어요, 애 아빠. '살려주지 왜 안 살려줬냐'고. 근데 그거는 저도 그렇고 저희 아버님도, 시아버님도 아들 일찍 보냈는데 손주 또 그렇게 보내니까 아버님도 애 아빠 보고 장례식 날 그러더라고요. "니 자식 좀 살려주지, 너도 일찍 갔는데 준민이 좀 살려주지 왜…" 하면서 그런 얘기하시더라고요, 아버님도.

면담자   참사 이후에 진도에서도 아버님 안 계셔서 실제적인 어려움이 더 있으셨을까요, 아니면 서러운 감정이라든가.

준민 엄마   아니. (흐느끼며) 그런 거는 별로 없었던 거 같아요. 저희는 시댁 식구들이 워낙에 잘 챙겨줘 가지고. 구정에 또 가서

준민 엄마 김혜경

보고 왔잖아요, 어른들하고 다. 그래 놓으니까 애들도 이렇게, 고모들도 그렇고 큰아빠도 잘 챙겨주고 하니까. 특히 준민이 같은 경우는 큰아빠랑 얘기를 되게 많이 하거든요. 그러니까 별로 그렇게, 뭐 물론 속으로는 많이 또 그런 게 있겠지만 겉으로 봐서는 그런 부재를 많이 못 느낀 것처럼 느꼈어요, 응. 별로 그런 거에 대해서는 못 느꼈는데… 형님들 다 와 있고, 아주버님도 계속 같이 있으셔 가지고 그런 건 없었는데 이제 ○○이가 지금은 제일 걱정이죠. '의지하던 오빠도 없는데 나까지 없으면 어떡하나' 그런 생각이 제일 많이 들죠…. ○○이도 제가 조금 아프다 그러면 엄청 걱정하거든요. 제가 작년에, 15년도에 그때 광화문[에] 가가지고, 저희 광화문 집회 있을 때 5월 달에 2주 동안 갔다 와서, 그때가 5월 둘째 주인가? 비 홀딱 맞고, 제가 토요일 날 갔다 와가지고 일요일 날 쓰러졌어요. 그게 쓰러진 게 아니고 못 일어난 거예요. 정신이 되게 혼미하더라고요. ○○이가 깨우는데 못 일어났어요, 비몽사몽에 정신도 막, 정신도 없고. ○○이가 이제 이모가 요 옆에 사는데 전화를 한 거예요, "엄마가 이상하다"고. ○○이도 엄마만 보고 있는데. 그래 가지고 병원 응급실에 동생하고 같이 갔는데 제가 간수치가 400까지 올라갔어요. 그렇게 급성으로 오면 죽을 수도 있대요. 의사도 놀랄 만큼 400까지, 피검사를 했는데 염증 수치가. 그래 갖고 왜, 도대체 뭐를 했냐고 물어보는 거야, 의사가. 얘기를 안 했어요, 제가. 저 어디 가면은 아는 사람 말고는 유가족이란 얘기 잘 안 해요. 특히 병원에서 그 얘기를 하기 싫어서 안 했어요. 몸을 어떻게 했길래 이렇게까지 올라갔냐고. 그래 갖고 그날 일요일 날 응급실에, 또 며칠 병원에 입원했어요. ○○이가 그때 또 놀란 거예요, 애가, 엄마가 죽으면 어떡하나.

입원 며칠 했다가 제가 한 달, 간 정상되는 약을 한 달 정도 먹고 나니까 지금은 정상으로 돌아왔는데 막 신경 쓰고 스트레스받으면 간수치는 오르락내리락하니까 또 위험할 수가 있대요. 그래 가지고 저도 저지만 ○○이를 위해서도 제가 ○○이 옆에 오래 있어줘야 되니까. 근데 저 아는 사람들은 다 알아요, 제가 몸 안 좋아서 활동 못 하는 거. 재강 언니도 맨날 물어보거든요, 몸 좀 어떠냐고. 그래 가지고 "그렇게 그냥 살고 있어, 응". 언니들이 허리 아픈 것도 알고 다 알아서.

11
가족들을 보는 시선과 오해

면담자   아까 유가족이란 이야기 잘 안 한다고 하셨는데 이유는 뭐예요?

준민 엄마   일부러 모르는 사람한테 얘기하고 싶지 않아요, 일부러 내가 먼저. 그때도 병원 갔는데 물어보는 거예요, 뭔가 원인이 있으니까 이 정도로 간수치가 올라간 거 같다고. 그래서 제가 그냥 어제 밤을 좀 새가지고 그렇다고 얘기했어요. 근데 고대병원을 지금도 다니는데 가서 제 이름을 치면 나와요, 세월호 유가족 기록이. 저희가 초에 입원했을 때는 몇 군데 지정병원이 있었어요. 지정병원이 있어 가지고 딱 떠요, 세월호 유가족인 거. 그래서 입퇴원계 가도 퇴원할 때 결제를 하더라도 "어, 세월호 유가족이시네요?" 이렇게 얘기를 하고… 제가 입원했던 기록이 있어서. 근데 나중에 간 사람들은 내가 얘기 안 하면 모르죠.

면담자　　　그거 알면 태도가 달라지나요?

준민 엄마　　태도가 달라지지는 않는데 내가 느끼는 게 좀 그렇죠.

면담자　　　어떻게요?

준민 엄마　　느끼는 게 조금… 물론 진심으로 안쓰럽게 생각하는 사람도 있지만은, 또 좋은 사람도 있지만 나쁜 사람도 많아요.

면담자　　　겪으신 게 있으세요?

준민 엄마　　겪은 거요? 제가 직접 겪은 건 아닌데 전해 들은 부분이…. 제가 정말로 친했던 동생이 있어요. 정말 그 동생하고는 제가 20년 넘게 지냈었어요. 근데 준민이 일 있고 나서 이제 그 동생뿐만 아니고 여러 부모님들도 얘기하다 보면 그런 얘기 많이 해요. 아는 지인들이 "보상 얼마 받았냐?" 이런 얘기 많이 한다고. 그러고 실질적으로 처음에는 많이 아시다시피 와전됐잖아요. 금액적으로도 와전되고, 뭐 20억을 받았느니… 그 얘기 나오고 좀 있다가 15억 얘기 나오고 또 12억으로 떨어졌다가, 뭐 10억 나왔다가 이랬어요, 그 금액이.

그랬는데 제가 정말 믿었던, 제가 준민이 임신한 거부터 낳은 거까지 다 봤던 동생인데, 그 동생이 그거를 먼저 얘기를 꺼냈다는 거예요. 그 얘기, 그 부분에 대해서…. 준민이 장례식에도 왔었고, 제가 진도에 있을 때 진도체육관에도 왔었던 동생이거든요. 그러니까 제가 너무 배신감이 느껴지는 거예요. 저한테 했던 것도 가식적인 거 같고. 그 말을 저한테 누가 전해준 거예요. "걔가 그 얘기를 먼저 꺼내더라. 너네 얼마 받았다고." 근데 내가 받은 거 없다고… 받은 거 없다고 그랬는데 뭐 얼마 받고….

그러고 이건 제 얘기가 아닌데 어떤 부모님은 이런 얘기도 들었대요, "보상을 받아가지고 건물을 세 채를 샀다"고. 동네에서 그 엄마한테 그 얘기를 하더래요, 직접 대고. 그러니까 그게 너무 상처를 받는 거예요. 솔직히 자식도 없는데 돈이 무슨 소용이에요. 자식 있었어도 돈 생각 안 하고 살았는데, 그랬는데 그 엄마도 그거를 또 아는 지인한테 들었대요. 건물 세 채 샀다는 얘기를 들었다고. 하, 정말 그런 얘기 할 때 너무, 그게 가장 정말 상처가 되는 거예요. 자식을 돈하고 견줘서 말을 할 때 그 얘기는 정말…. 그래서 그 동생하고 저 연락 안 하잖아요. 인연 끊었어요(한숨).

면담자　　가족분들에 대해서 사회가 대하는 방식이 있잖아요. 선입견을 가진다든가 아까 말씀하신 상처를 준다든가 하는 경험을 또 겪으셨어요?

준민 엄마   정말 좋은 분들이 계셨기 때문에 저희가 오래 왔던 것 같아요. 저희도 그거에 대해서 감사하지만, 안 그러신 분들도 또 많아요. 다 돈에 막 결부돼서 얘기하고 이러니까 뭐. 사실 정부에서 돈을 내놓은 건 하나도 없거든요. 그렇잖아요. 근데 무식한 사람들은 다 정부에서 준 줄 알고 자동차세 올라간다는 둥, 세금 올라간다는 둥, 어쩐다는 둥. 그리고 저희가 뭐 감면받고 이런 것도 없어요. 연장은 해줬지만 그런 거 감면받은 거 없는데 모르는 사람들은 정말 우리가 다 그거를 감면받은 줄 알아요. 그게 너무, 진짜 어떻게 그걸 일일이 있잖아, 얘기해서 "그건 아니다" 그렇게 하고 싶지는 않고. '너네는 그냥 그래, 너네는 무식하니까 아는 대로 떠들어라' 이렇게 되는 거예요, 우리도. 처음에는 아니라고 얘기도 했고 이랬는데 나중에는 지네들 생각하고 싶은 대로 생각하고 얘기하니까 그렇게 되더라고요.

면담자   그런 분들을 많이 보셨어요? 이웃분들은 어떠세요?

준민 엄마   제가 사실 여기로 이사 오기를 결심한 것도 저는, 저 집에도 이제, 제가 애 아빠 그렇게 되고 나서 애들한테 "이사 한번 갈까?" 그랬더니 애들이 아니래, "아빠랑 살던 집에서 살고 싶다"고 이랬었거든요. 그래 갖고 이사를 안 했어요. 아빠에 대한 추억도 있고 하니까. □□아파트가 단지가 한 2000세대 정도 돼요, 단지가 되게 커요. 근데 지상주차장이에요, 주차장이. 가장 힘든 게 제가 17년을 살았고 학교 일을 많이 하다 보니까 모르는 사람이 없어요.

모르는 사람이 없는데, 저희 저 아파트에서만 17명이 희생됐어요, 단원고 학생들, 한 아파트에서…. 근데 그 차를 타러 내려오면 주차장에서 사람 만나는 게 그렇게 힘들더라고요. 이제 상대방도 이렇게 제 상황을 아니까 아는 척하면 잘 지낸다는 말 하는 것도, 분명히 잘 지내지 못하는데 상대방도 "잘 지내?" 이렇게 얘기하기가 그렇고 저도 먼저 말 걸기 그렇고. 상대방에서 '아, 저 엄마 왜 아는 척 안 하고 그냥 가지?' 서로 간에, 전에는 되게 친했던 사람들인데 제가 그거를 몇 번을 그 애매한 상황을 겪었어요.

그리고 또 그쪽에서 잘 지내냐고 물어보면 제가 속으로 그렇게 하게 되는 거예요. '너 같으면 잘 지내겠냐?' 제가 마음이 그렇게 되는 거예요, 제 마음이. 그래서 ○○이에게 물어봤죠. 저는 ○○이가 이사를 하지 말자고 그러면 안 할려고 했어요. 오빠랑도 거기서 나고 자라고 했기 때문에. "○○아, 우리 오빠 저 집 해놓은 데로 이사 갈까?" 그랬어요. 그랬더니 처음에는 싫다 그러더라고요. 참사 나고 저희가 15년, 15년도에 이사 왔구나. 참사 나고 그해 가을에 제가 얘기했는데. 그러니까 1년 정도 거기서 살더니 ○○이가 그 얘기를 하더라고요. "엄마, 우리 그냥 이사 갈까?" 본인도 조금, ○○이도 어쩌면 주위의 시선을 좀 받았는 거 같아요, 학교 다니고 이러면서. 그래서 "왜? 이사 가고 싶어? 엄마는 너가 가자면 갈게" 그랬더니 이사 가자고 그러더라고요. 그래서 지금 이사 온 지 2년 됐어요, 여기 온 지.

면담자　　　참사 이후에 이사하신 분들이 많으시죠?

준민 엄마	많아요.
면담자	안산 바깥으로 가신 분들도 많다고 들었어요.
준민 엄마	바깥으로 간 사람[도] 있고, 동을 옮겨서 저쪽으로, 서

부권에서 동부권으로 간 사람도 있고. 그러니까 그 시선이 좀 힘들더라고요, 아는 사람들의 시선. 그리고 어떤 엄마는 그러더라고요. 다른 반에 어떤 엄마는 갈비를 먹는데, 거기도 남은 아이가 딸아이예요, 아들이 희생됐고. 아버님하고 어머님하고 딸하고 셋이서 갈빗집에 갔는데 앞에 아는 사람이 있어서 인사를 했는데 갈비 먹으면서 그렇게 눈치가 보이더래요. 그래서 제대로 못 먹었대요.

왜 그 마음인가 하면은, 저도 그 마음을 충분히 이해를 하는 게 '아이도 없는데 저렇게 갈비가 들어갈까? 저게 저렇게 맛있게 먹어지나?' 이렇게. 물론 그분이 그렇게 생각을 안 했어도 내가 그렇게 생각이 드는 거예요. 하다못해 시장을 가도 눈치가 보여요. 사람들, 아는 사람을 만나면은. 사실 저희가 마트가 두 군데라 가는 마트가 똑같거든요. 가면은 뭐 장을 많이 보든 적게 보든 장바구니를 보면은 내가 좀 뭐 비싸거나, ○○이가 망고를 좋아해요, 얘가 과일을, 준민이도 망고하고 체리를 좋아해서 저는 늘 사주거든요. 근데 사실 그게 비싸잖아요. 저는 그 전에도 그걸 먹였었는데, 지금 장바구니에 망고 비쌀 때 망고가 들어 있고 체리가 들어 있고, 그게 눈치가 보이더라고요, 다른 사람을 만나면. 그러니까 뭘 하나 먹어도, 시장을 가도 눈치를 보게 되는 거예요.

정작 우리가, 저희는 피해자잖아요. 우리가 죄인이 아닌데… 지금 우리가 피해자잖아요. 근데 모든 면에서 당당할 수가 없는 거예요. 그래서 지금 밖에를 나가질 않아요, 저는. 사람 만나는 게 싫어서. 그러고 여기 왔는데, 여기는 지하주차장이라 그게 너무 좋아요. 사람을 안 만나니까 그게 너무 좋은 거야. 그래서 그 엄마가 그 얘기를 하는데 탁 저한테 와닿는 거예요, 정말. 갈비를 먹는데 딴 때 같으면 더 시켜 먹었을 텐데 정말 시킨 것만 먹고, 3인분만 먹고 그냥 왔대요, 눈치가 보여서.

면담자　　　사회적인 시선이 무서운 거네요.

준민 엄마　　　정말 무서워요. 그 시선이 사람을 정말 죽이고 살리고 한다니까요… 진짜 그래요. 저는 지금 미용실에, 다니던 미용실도 지금 바꿨어요. 미용실도 못 가겠는 거예요. 근데 다른 부모님들 몇 분도 바꿨다고 하시더라고. 제가 지금 머리가 길잖아요. 그래서 한번 미용실 가면 정말 많이 나오거든요, 견적이. 보통 한 20만 원 넘게 나오니까. 전에는 제가 했어요, 했는데… 지금 미용실 옮겼잖아요, 모르는 데로.

그러더라고요. 그리고 정말 쇼핑 가서 아는 사람 만나도 그렇고, 아이가 정말 뭐가 필요해서, 내 거 사는 게 아니고 ○○이가 뭐옷이 필요하다 해서 백화점에 가도 누구 만나면 그게 또 눈치가 보이는 거예요. 애가 필요하면 사줘야 되는데 그게 또 눈치가 보여요. 그러니까 매사 매사가…. 근데 아이가 또 학교가 여기니까 이사를

94

준민 엄마 김혜경

멀리 갈 수도 없고, 진짜 어쩔 때는 안산을 떠나고 싶다니까요.

12
친척들에 대한 고마움

면담자　　　그래도 안산을 떠나지 않는 이유가 있으실 텐데요?

준민 엄마　　이유는 준민이가 여기서 나고 자랐잖아요. 나고 자란 고향이니까 못 떠나지.

면담자　　　주변 친척분들도 많이 도와주셨잖아요. (준민 엄마 : 네) 만약 친척분들이 안 계셨다면 어떠셨을 거 같으세요?

준민 엄마　　저는요, 저는 지금도 ○○이한테 아침에도 그렇고 저녁에도 그렇고 저희는 자면서 항상 둘이 서로 ○○이한테, 준민이 있을 때도 그랬어요. 서로 "사랑해"라는 말을 저는 많이 하거든요. 지금도 ○○이한테 "사랑해"라고 하면 ○○이도 "사랑해"라고 하고. 그리고 저는 ○○이한테 준민이가 없음으로써 또 하는 말이 있어요, 저는. "엄마 옆에 있어줘서 고맙다"고 제가 그래요. 아침에 깨우러 들어가서도 그렇고 저녁에 잘 때도. ○○이 없었으면 저는 이 세상에 없을 거 같아요, ○○이가 없다면.

　　저는 기억이 안 나는데 제 동생이 그 얘기를 해주더라고요. ○○이가… 아, 제가 준민이 마지막에 보면서 제가, 저는 그 말을 한 게 기억이 안 나는데 제 동생이 제가 그랬대요. "준민아, 너 장레 치러주고 엄마도 따라갈게." ○○이가 그 얘기를 들었다는 거예요. 동생이 그 얘기를 저한테 하면서 "언니, 절대로 ○○이 앞에서 그런 얘기 하지 말라"고, "○○이 상처받는다"고. 저한테 "준민이도, 먼저 간 준민이도 불쌍하지만 남은 ○○이도 불쌍하니까 ○○이 보고 힘내고 살으라"고, "○○이 앞에서 절대로 그런 소리 하지 말라"고 동생이 그러더라고요.

친정도 그렇고 시댁도 그렇고 많이 도움이 됐었죠. 전에는 뭐 준민이 있을 때도 경제적으로도 그렇고, 이렇게 형님들도 잘 챙겨주고, 저희들도 아들 없고 자매다 보니까 똘똘 잘 뭉치고 이러니까. 지금도 엄마, 아빠도 그렇고 동생들도 그렇고, 제가 아플 때 많이 도움받죠. 도움받는 거 많죠, 그래도 가족이 최고죠, 그죠? 엄마, 아빠는 맨날 제 걱정, 제가 또 자식이다 보니까. 준민이도 준민이지만 또 자식이 안 좋은 상태가 되면 안 되니까 맨날 걱정하고 그래요.

면담자   4·16 참사를 계기로 해서 가족 간에 새롭게 뭔가 발견하신 그런 게 있으세요?

준민 엄마   발견한 거요? 저는 이 일 있기 전에도 가족의 소중함을 느꼈던 게 애 아빠 그렇게 되고 한번 제가 큰일을 겪었잖아요. 그때는 정말 아이들 어려서 제가 도움을 더 많이 받았죠, 가족들 도움을. 아시겠지만 여자 혼자서 아이 둘 키우기가 쉽지 않잖아요, 직장생활 안 하면서. 그런 것도 시댁에 제가, 아버님도 그렇고 형

준민 엄마 김혜경

님들도 그렇고 제가 되게 고맙고 감사한 게 시골에서는 저한테 그 래요. 아버님[이] "에미야, 너한테 고맙다"고. 제가 서른일곱에 혼자 됐거든요. 근데 재혼 안 하고 애들만 보고 이렇게 잘 키워놔서 고 맙다고, 제가 14년도 구정 설에 시댁에 애들 데리고 갔을 때도 아 버님[이] 그 얘기 하셨어요. 근데 그게 이렇게 마지막이 될 줄은 몰 랐죠, 시댁에서도 그렇고. 그 모습이 준민이의 마지막이 될 줄은. 그때도 아버님[께서] 저한테 그 얘기, 고맙다고 얘기하셨었거든요. 애들, 정말 저희 애들은 정말 착하게 컸거든요, 말썽 한 번 안 피우 고. 애들 둘 다 잘 키워줘서 고맙다고. "에미야, 너 잘못되면 안 된 다" 시댁에서도 제 걱정해요. ○○이랑 재미있게 즐겁게 살으라 고, 저희 언니[시누이]들도 "올케, ○○이랑 재미있게 살아" 하고. ○○이 잘 챙겨가면서, 이제 조카도 ○○이 하나 남았으니까 잘 챙겨서 잘 살으라고 저한테 그래요 ….

면담자   오늘 준비한 질문은 여기까지인데, 혹시 더 하실 말 씀이나 여쭤봤던 것과 관련해서 빠뜨린 이야기 있으세요?

준민 엄마   생각나는 거 없는데.

면담자   예, 그러면 다음에 이어가도록 하겠습니다. 감사합 니다.

준민 엄마   고생 많으셨어요.

2회차

2017년 8월 30일

1

시작 인사말

면담자   본 구술증언은 4·16 사건에 대한 참여자들의 경험과 기억을 기록으로 남김으로써 이후 진상 규명 및 역사 기술에 기여하고자 합니다. 지금부터 김혜경 씨의 2차 증언을 시작하겠습니다. 오늘은 2017년 8월 30일이며, 장소는 안산시 김혜경 씨 자택입니다. 면담자는 장원아이며, 촬영자는 박은수입니다.

2

4·16 이전의 활동 경험과 2014년 5월의 활동

면담자   일주일 만에 다시 뵙습니다. 1차 구술 하신 후에 혹시 힘들지는 않으셨어요? 어떻게 지내셨어요?

준민 엄마   힘든 거는….

면담자   힘든 기억을 끄집어내는 시간이어서….

준민 엄마   아니, 그날은 좀, 당일 날은 좀 그랬는데. (면담자 : 네) 그 이후에는 그냥 괜찮게, 평범하게 일상생활했어요.

면담자   예. 오늘은 지난 3년간의 경험에 대해 질문할 예정인데요. 기억나는 것 중심으로 최대한 자세하게 말씀해 주시면 됩니다.

준민 엄마   예.

면담자   3년 넘게 시간이 지나는 동안 가족분들이 정말 많은 활동을 해오셨습니다. 지난번에 건강 때문에 많이 하지 못하셨다고 말씀하셨지만 어머님도 굉장히 많은 활동을 하셨고요. 저희가 그동안 가족분들이 진행했던 활동을 정리를 좀 해봤어요. 제가 이야기를 하면 그 활동에 참여를 하셨는지 여부를 말씀해 주시면 됩니다. 일단 4·16 이후 5월부터 바로 시작이 되었는데요. 5월 8일, 9일에 KBS 항의 방문 하고 청와대를 향하셨죠.

준민 엄마   청와대. 예, 거기 같이 갔어요. 그때는 거의 다 갔어요, 부모님들이 거의 다.

면담자   예. 올라온 분들은 전부 다 가셨군요.

준민 엄마   예예. 아이들 찾아서 올라온 분들은.

면담자   어떠셨어요?

준민 엄마   거의 빠지는 분 없이 다 갔었[고]… 처음에 저희는, 팽목에 왔을 때도 그렇고, 저기 그 박근혜라고 해도 되나? (면담자 : 그럼요) 아, 박근혜가 가족들이 원하는 거를 다 해주기로 그렇게 약속을 했잖아요? 그렇게 믿고 있었는데 저희가 와보니까 한 달 정도 지났는데도 그 상황이 똑같은 거예요, 똑같은 거고. KBS 그때 사장이 이제 본인은 뭐 말실수라고 하지만은 그거는 저희에 대한, 아무튼 마음을 조금, 저희 마음을 다치게 했잖아요.

이제 청와대 올라간 것도 [저희는] 모든 거를 저희가 원하는 대로 해주기로 했는데 그것도 안 해주고 있고, KBS 사장도 옹호하는 발언을 했잖아요. 그래서 저희가 올라갔는데, 올라갔을 때는 뭐 진짜 처음이고 초창기라서 '다 같이 행동을 해야 된다' 이런 식으로 저희가 처음에 진짜 똘똘 뭉쳤었어요. 그 뒤로는 개인 사정이 있어서 참여를 안 하는 분들도 계시지만. 그래서 그날 하루 도로에서 밤새고 그러고 이제 그날 밤에 내려왔잖아요. 그때는 뭐, 당시에 아이 사진 가지고 올라갔을 때는 부모들이 뭐 저뿐만 아니라 다들 진짜 '죽기 아니면 까무러치기'라고 생각하고 올라간 거예요. 응… 그랬었죠. 근데 그 이후에도 달라지는 거 없이 저희를 다 배척했잖아요, 저희 유가족들을.

면담자   전에도 그런 시위나 집회에 참여하신 적이 있으셨나요? 아니면 그때 처음이셨어요?

준민 엄마   저희가 같이 움직인 게 그게 청와대 올라간 게 첫 행동이었고요. 그 뒤로 걷기 했었고, 국회 걷기.

면담자   아, 어머님께서 그러니까 4·16 이전에, 대학교 때라든가 그 이후에 집회에 참여하거나 이런 적이 있으셨어요?

준민 엄마   집회?

면담자   예.

준민 엄마   집회라기보다는 소수 인원이 모이는 데는 제가 많이
갔던 거 같아요, 큰 집회는 안 갔어도.

면담자   어떤 집회요?

준민 엄마   집회라기엔, 그러니까 집회 이런 의미는 아니고. 그
냥 환경단체나 뭐 이런 거 하는 데. 그러니까 학교에서 움직이면
다 같이 움직이고 이런 거는 제가 참여를 많이 했었어요.

면담자   아, 워낙에 운영위원으로 학교 일들이 많이 하셨으
니까 관련된 이슈에 가신 건가요?

준민 엄마   예, 그런 것도 있고, 그렇죠. 그리고 나름 조금 환경
문제 이런 거는… 생활하면서 아이한테도, 환경은 저희가 살아가
는 데 꼭 필요하잖아요. 그래서 그런 데는 제가 많이 참여했던 거
같아요.

면담자   조금 더 구체적으로 말씀해 주실 수 있으세요?

준민 엄마   전에 한번 시화호 그쪽 갈대 습지, 그쪽에도 공단 쪽
에서 폐유를 많이 내보냈었어요. 그래 가지고 그쪽이 많이 오염돼
가지고 저희가, 그때는 시위는 아니었고 그냥 가까운 학부모들, 각
학교 학부모들 참여할 수 있는 분들 가가지고, 그렇다고 피켓을 들
고 뭐 이런 건 아니고 같이 토론하고 그런 거 했고. 그다음에 그 서
명도 저희 받았었어요, 학부모들 상대로 그런 것도 했고.

면담자   그게 2000년대 초반인가요? 1990년대인가요? 한창

그 '죽음의 시화호'라고.

준민 엄마   예, 그죠. 맞아요.

면담자   많이 얘기가 됐었던 거 같아요.

준민 엄마   예예. 그래서 그런 데도 가고, 큰 집회 같은 데를 안 갔지만 그냥 그랬었어요.

면담자   그러면 혹시 직접 뭔가 시화호 관련해서 기획을 하신 건가요?

준민 엄마   그런 건 아니에요. 조금 도와준다는 의미로 '시화호 살리기' 할 때 학부모들이나 선생님들 서명받고 그렇게 해가지고 그 단체에다가 전해주고. 저희가 왜 진상 규명 서명받을 때도 여러 분들 많이 도와주셨잖아요. 저 같은 경우도 지인이나 친구들이 지방에서 많이 받아가지고 직접 우편으로 보내주고 그랬었거든요, 그런 식으로.

면담자   아는 분이 계셨어요?

준민 엄마   제가 직접적으로 아는 건 아니었고. 저희가 학부모 회를 하다 보면 학부모교육이 많아요. 그때 그에 관련된 분이 오셔 가지고 학부모교육을 하는데, 저희한테 그 문제점을 얘기한 거예요. 강의를 하러 오셨더라고요. 그래서 학부모님 중에서 참여해 주실 의사가 있고, 도와주실 분 있으면은 같이 동참해 달라고 그래 가지고 저희가, 저뿐만이 아니고 각 학부모, 근처의 학교들도 많이 참여를 한 걸로 알고 있어요. 서명받아서 전달해 주고, 그것도 힘이 많이 된다고 하니까 그렇게 보냈죠.

면담자　　　다시 2014년으로 돌아와서, 청와대를 향해 도보 시위를 하셨지만 결국은 만나주지도 않고 (준민 엄마 : 네) 다시 돌아갔잖아요.

준민 엄마　　다시 돌아왔죠, 저희는.

면담자　　　그때는 어떠셨어요?

준민 엄마　　아마 그때부터 저희가, 그때부터였던 거 같아요. 이게 저희가 원하는 대로 되지 않을 거다라고 생각한 게, 아마 그 시점이었던 거 같아요. 청와대 갔다 와서 그 뒤로 저희가 원하는 게 된 게 하나도 없거든요. 그때부터였던 거 같아요, 그게.

면담자　　　그럼 가족분들 사이에서 조금씩 이탈하는 분들도 생긴 건가요?

준민 엄마　　음… 그렇죠. 그리고 이제 직장 계신 분들 직장도 많이 나가시고. 본인과… 이런 얘기는 해도 되나? 본인 의사와 달리 또 저희는 말하자면, 일반인 빼고 말하자면 250가정이잖아요. 근데 이 250가정이 다 마음이 같을 수는 없잖아요, 저희가. 물론 희생된 아이들 위해서 가는 건 맞지만, 조금조금 서로의 의견차가 있잖아요. 그런 분들은 또 나름 나가신 분들도 계시고, 지금도 뭐.

면담자　　　청와대 도보 시위 이후 5월 말에 국정조사를 요구하면서 국회에서 농성을 하셨는데요. (준민 엄마 : 그렇죠, 그렇죠) 그때도 가셨나요?

준민 엄마   그때는 저희가 매일 상주를 못 했어요. 상주는 못 하고 국회에서 저희 뭐, 매일 차가 갔거든요, 국회에. 오전 9시에 가면 밤에 이제 다시 내려오는 이런 방향으로. 예, 그래서 국회에도 많이 갔죠. 거의 보면은 아버님들이 거의 상주하시고, 엄마들은 오며 가며, 왔다 갔다 했죠.

면담자   어머님도 날마다 가셨어요?

준민 엄마   날마다는 못 갔어요. 시간 있을 때, 그래도 국회는 자주 갔어요. 갔다 오는 걸로 했으니까, 엄마들이 부담 없이.

면담자   국회에서 있었던 일이라든가, 기억에 남는 장면 있으세요?

준민 엄마   국회에서는 저희 부모님들이 뭐 특별히 거기서 농성을 하고 이러지는 않았어요, 크게는. 기억에 남는 거는 저희가 종이배 접어가지고 국회 뜰에다가, 각 반에서 아이들 이름 적고 해가지고 종이배 만들어놓고, 나비 만들고, 엄마들은 주로 그렇게 했었어요. 옹기종기 각 반마다 앉아서, 그랬어요.

3

반별로 진행된 활동들

면담자   6월부터는 특별법 제정을 촉구하는 천만[인] 서명운
동을 시작하는데요. 거리 서명 활동도 하셨어요?

준민 엄마   저희 서명 많이 다녔죠. 진상 규명 서명도. 왜냐면
저희가 그때 안 할 수가 없었던 게 각 반에서 지역을 정해서 갔었
거든요. 저희 안 가본 데 없어요. 전주, 포항까지 갔었고.

면담자   어느 지역 가셨어요?

준민 엄마   포항도 갔었고, 전주도 갔었고, 저희 반에서 정해진
데 다 갔었죠.

면담자   그러면 반에서 몇 분 정도가 같이 다니셨나요?

준민 엄마   초에는 많이 움직였죠.

면담자   버스로 가는 거예요?

준민 엄마   그때는 각 반에서 회비를 따로 걷어가지고 각 반에
서 운영을 한 거예요. 한 가구당 뭐 이렇게 해가지고. 그래 갖고 차
는 렌트하고, 각 반에서. 모두 다 알아서 했었어요, 저희가. 피켓도
각.반에서 그냥, 각자 아이들 사진 넣어서 만들고 티도 각 반에서
맞춰서 입고.

면담자   예. 그때부터 총무를 맡으셨던 건가요?

| 준민 엄마 | 예. 처음부터. |

| 면담자 | 처음부터 지금까지 쭉 5반 총무를 하시는 거군요. |

| 준민 엄마 | 예. 지금은 근데, 처음에는 제가 회비도 잘 걷었는데 지금은 안 걷어요. 지금은 사실 회비로 움직이는 경우는 없고, 저희가 거의 사단법인 회비를 내고 가족협의회 차원에서 지금 움직이니까 개인적으로 회비 내고 이런 건 없어요. |

| 면담자 | 회비는 얼마나 내셨어요, 처음에는? |

| 준민 엄마 | 처음에 저희 한 가구당 5만 원씩. 그거는 각 반마다 다 달랐어요, 각 반에서 운영되는 회비가 있기 때문에. 저희는 5만 원씩. |

| 면담자 | 한 달에요? |

| 준민 엄마 | 예, 한 달에 5만 원씩. |

| 면담자 | 다른 반과 비교하면 많은 편인가요, 적은 편인가요? |

| 준민 엄마 | 아니, 보통. 10만 원씩 내시는 반도 있더라고요. 근데 보통 5만 원 정도 보편적으로 냈던 것 같아요. 저희 반도 5만 원씩 걷어서 그걸로 운영했었고. 그러다가 점점 반에서 움직이는 일이 드물어졌어요. 가족협의회 차원에서 움직이는 일이 많아져서 어느 때부턴가 회비를 안 걷었던 거 같아요. 그리고 그 전에 걷었던 회비가 좀 있어서 그걸로 운영하다가 회비가 떨어지고는 그냥, 그게 언젠지 모르겠다, 언제부턴가 안 걷기 시작해서 그냥 지금은. |

또 저희가 사단법인에 가입된 분들은 거기 회비를 내고 있거든요. 그분들은 이제 가족협의회 차원에서, 가령 이번에도 김영태 교수님 돌아가시고 이랬잖아요. 그것도 가족협의회 차원에서 이렇게 내고, 그런 식으로 저희가 운영하고 있어요. 사단법인 가족협의회 회원 따로 운영되고, 그 나머지는 처음에 가입했던 4·16가족협의회. 저희가 밴드를 두 개 운영하고 있거든요. 인제 반에서 뭐 개별적으로 나가는 회비는 거의 없어요. 그냥 소소하게 "아이들 기억교실에 뭐를 좀 해놓자" 그러면 그거는 나오시는 분들끼리 하고. 금액이 크지 않으면 그냥 개인적으로. 저도 오늘 기억교실 갔다 왔거든요, 오전에. 아이들 반에 액자 큰 거 하나 해다가 끼워다가 됐거든요, 중간에. (사진을 보여주며) 사진 이거 하나 제가 갖다놨어요. 액자 끼워서, 단체사진. 이거 갖다 놓으러 오전에 갔다 왔어요.

면담자　　이게 여행 가기 전에 찍은 거예요?

준민 엄마　　응. 다른 반 있는데 저희 반이 없어가지고. 이게 또 50에 80인 거예요, 사이즈가. 저게 사진관에서 뽑은 게 아니고.

면담자　　핸드폰으로 찍은 건가요?

준민 엄마　　그 뭐라고 해야 되지? 현수막 같은 거 하는 데 있죠?

면담자　　아, 인쇄소에서요.

준민 엄마　　그런 데서 인쇄를 한 거라서 맞는 사이즈가 없는 거예요. 기존 그 액자 사이즈가 아니더라고요, 저게.

면담자   50에 80이 센티미터인가요? 꽤 크네요.

준민 엄마   예. 50에 80센티미터. 그래 가지고 저기 공단에 테크노파크 쪽 알아보니까 그쪽에 주문제작 하는 데가 있더라고요, 액자. 그래서 거기서 주문제작 해가지고 끼워가지고 갖다놨죠. 그냥 조금 소소하게 하는 거는 개인적으로 하시는 분들도 있고.

면담자   전국 버스 투어 다니실 때 반 회비로만 다니신 거면 (준민 엄마 : 네, 거의 반비로) 많이 힘들거나 어렵지는 않으셨어요?

준민 엄마   초에는, 저희가 한 1년가량 정도는 반 회비를 잘 냈었어요, 부모님들이.

면담자   다들 내셨었나요?

준민 엄마   거의 다 냈어요. 저희가 27가구인데, 세 가구 빼고는 거의 다 참여를 했다고 봐요, 저는.

면담자   혹시 그 세 가구는 왜 참석하지 않았는지 여쭤봐도 되나요?

준민 엄마   저도 얼굴 본 적이 없어요.

면담자   아, 한 번도요?

준민 엄마   예. 아이 찾고, 장례 치르고, 그 뒤로부터 안 나와요.

면담자   팽목에는 가셨던 거고요?

준민 엄마   가셨겠죠, 아이 장례 치렀으니까. 근데 그 세 분은 참여를 아예, [나머지는] 거의 다 참여를 하셨어요. 근데 지금은 12가구만 그 사단[법인] 회원이[에요]. 그건 자의로 자기가 하는 거니까. 저희 반이 좀 적은 편이에요, 희생자 수에 비해서, 다른 반에 비해서 조금 참여율이. 12가구가 지금 참여하거든요.

면담자   그러면 딱 절반이네요.

준민 엄마   사단법인은 저희가 □원씩 회비를 내는 부분이라, 그거는 이제 부모님들 본인 [의사에 달린 거죠].

면담자   그냥 회비 때문에 안 하시는 거예요?

준민 엄마   저희 가족협의회에 내는 거예요. 가족협의회에 내면 거기서 지금 저희가, 사실 정부에서 나오던 돈도 지금 많이 줄었잖아요, 분향소 운영하고 이런 것도. 그래서 가족협의회 차원에서 활동할 때는… 저희가 250가구잖아요. 근데 그 사단법인 회비, 그래도 한 100가구는 넘는 거 같은데, 제가 듣기로는 참여하시는 분이. 그분들이 뭐 한 달에 한 번씩 □원씩 회비를 내고 있거든요.

면담자   아, 그러니까 가족협의회에는 지금 250가구가 다 참여하시지만, 사단법인에는 100가구 정도 참여하시는 거네요.

준민 엄마   100가구 넘는 걸로 알고 있어요.

면담자   회비는 양쪽으로 다?

준민 엄마   아니요, 이쪽[가족협의회]에는 안 내죠.

준민 엄마 김혜경

면담자	아, 가족협의회는 없고 사단법인만 내시는 거군요.
준민 엄마	예, 이제 거기 회원가입 한 분들은 회비를 사단법인으로.

〈비공개〉

면담자	그럼 좀 아쉽거나 그런 것도 있으세요?
준민 엄마	좀 아쉬운 부분이 있죠. 다 같이 많이.
면담자	아, 어머님 생각하시기에도요?
준민 엄마	같이 조금… 같이 뭐든지 참여하고 했으면 좋겠는데. 특히 저희 5반은 참여율이 너무 저조해요. 너무 저조하고 잘 안 도와주셔 가지고.
면담자	왜 그런가 여쭤봐도 될까요?
준민 엄마	왜 그런지는(웃음) 글쎄요, 왜 그런지는 잘 모르겠는데. 너무 강제로 안 해서 그런가? 다른 어느 반은 강제로 막 하는 반도 있대요. 근데 저희 반은 너무 자율적으로 그냥 "도와주세요" 이래서 그런지 좀 참여율이 없어요. 그리고 일하시는 분들도 유독히 많고.
면담자	직장 나가고 바쁜 분들이 많으시군요.
준민 엄마	응응, 예. 그래서 당직 때도 저희 세 명 나가요.
면담자	분향소랑 당직이요?

준민 엄마   예예. 저희 대표님하고 저하고, 또 5반에 성현이라고 있어요. 성현이 언니랑 이렇게 셋이. 근데 큰 건우 언니네는, 큰 건우 언니네 두 분은 거기 목포에 가 있거든요, 아버님, 어머님 그 부부는. 그러니까 세 명이서, 저번 당직에도 세 명 나갔었어요.

면담자   2014년에는 많이 하시다가 아무래도 3년이 지나기도 하고, 그래서 조금씩 나오시는 게 줄어든 건가요?

준민 엄마   제가 15년… 15년 5월 광화문 집회까지는 정말 많이 잘 쫓아다녔었거든요. 근데 제가 또 갑상선이 있어서 무리하면 수치가 변동이 심해요. 그러기도 하고, 그 이후로 저뿐만이 아니고 다른 부모님도 그렇겠지만 1년 정도 있다[가] 보니까 몸이 다들 망가진 거예요. 저도 여기저기 목디스크 있지, 허리도 협착증이 있거든요. 빈혈도 되게 심해요.

면담자   허리도… 지금 계속 앉아 계셔야 되는데.

준민 엄마   어, 괜찮아요. 그래서 지금 힘주고 있어요(웃음).

면담자   어머님 피곤하시지 않도록 빨리 하도록 하겠습니다.

준민 엄마   빈혈도, 빈혈약도 처방해 먹거든요. 종합병원이라니까요.

면담자   그렇게 아픈 부모님들 많으실 거 같아요.

준민 엄마   많으세요.

준민 엄마 김혜경

면담자　　　좀 심각하신 분도 계시죠?

준민 엄마　　저희 반 같은 경우는 성호 언니가 〈비공개〉 심각하게 몸이 안 좋거든요.

면담자　　　그런 분들은 국가 지원이 좀 있나요?

준민 엄마　　지원 안 해줘요.

면담자　　　전혀 없어요?

준민 엄마　　저희가 1년가량은 지원을 받았었어요, 병원비 부분도. 이제 유가족이라고 하면 지정병원이 있었어요, 세 군데가. 가서 세월호 유가족이라 하면 무료로 지원해 줬는데, 그 이후로는 다 저희 자비로 하고 있죠.

면담자　　　심리상담 이런 것도 계속 지원되나요?

준민 엄마　　심리상담은 온마음[온마음센터]에 가서, 예. 온마음에서 하는 프로그램 다 지원받아요.

면담자　　　어머님도 가셨어요?

준민 엄마　　아니, 저는. 온마음은 프로그램이 많은데 저는 명상이라고 이제 9월 5일부터 하거든요.

면담자　　　아, 다음 주에요?

준민 엄마　　예. 화요일, 매주 화요일 날, 거기도 그 트라우마 상담해 주시는 선생님이 계세요. 심리상담해 주시는 분이 같이 동행해 가지고 이번에는 수리산 간다 그러더라고요, 한 1, 2시간 코스로. 저희가 산도 걷고 이렇게 산책하는 그런 모임이에요. 여름에는 더워서 안 하고, 저희가 6월 달까지 했다가 좀 쉬고 이제 9월 5일부터 다시 시작해요. 그래서 신청했어요. 그게 좋더라고요. 조금 산책도 하고 좀 무리되는 데는 중간에서 쉬고 있다가 내려오시면 같이 합류해서 오고 하는데. 나는 그게 좋아서 그냥 그거 하고. 그런데 하면서 선생님이 옆에 와서 자꾸 말을, 남자 선생님이세요.

면담자　　아, 그분은 온마음에 상주하시는 분이세요?

준민 엄마　　상주는 안 하시는 것 같아요. 일주일에 한 번씩 오시는 거 같애. 근데 물어보세요, 자꾸. 근데 남자 선생님이라 사실 조금 부담도 되고. 두 분이 가세요, 여자 선생님, 남자 선생님. 자꾸 물어보는데, "뭐가 힘드냐"고, "요즘 좀 어떠냐"고. 그냥 "지내기 괜찮다"고 이렇게만 얘기하고 그냥, 그냥 말아요.

면담자　　몇 분 정도 같이 가세요?

준민 엄마　　어… 저번에는 12명. 저희 반에는 3명. 아까 얘기했던 성현이 언니랑 저랑, 그다음에 그 태범이 언니라고. (면담자 : 다 같이 가세요?) 그 언니도 일부러 연락해 가지고 가자고 하면 가고, 그런 스타일이 있어. "언니, 이러저러해서 가는데 같이 갈래?" 그러면은 시간 있으면 "그래, 같이 가자" 그러고. 그래서 그렇게 셋이서.

면담자 말씀을 들어보면 어머님은 리드하는 스타일이신 것 같아요.

준민 엄마 제가?

면담자 예.

준민 엄마 조금 그랬[어요]… 많이 조금 그랬죠, 제가. 그런 거 좀 좋아하기도 하고. 그래서 애들한테도 그렇게 많이 얘기했었어요. 뭐 이렇게 친구들하고나 학교에서, 친구들하고 같이 할 일 있으면, 너네가 리드해서 많이 해보라고. 그런 거 나중에 다 경험도 되고 사회생활할 때 좋다고.

4
1주기까지 참여한 활동

면담자 어머님께서 2015년 5월 광화문 집회까지 쭉 하셨는데 제가 그….

준민 엄마 촛불집회도 몇 번 갔었죠.

면담자 아, 네(웃음). 그건 저도.

준민 엄마 (웃으며) 말하기 쑥스럽지만은 11월에는, 11월은 쭉 참석했고. 너무 날씨가 추워진 거예요.

면담자   (웃으며) 그건 2016년이니까, 일단 2014년부터 하고 다시 말씀드릴게요. 한번 체크해 볼게요.

준민 엄마   예.

면담자   그 119일간의 국회 농성도 계속하셨던 거죠?

준민 엄마   예예.

면담자   그리고 특별법 제정 촉구 단식에 들어가는데요. 7월 14일부터요.

준민 엄마   저는 단식[을] 못 했죠.

면담자   예, 단식은 안 하셨지만 그래도 계속….

준민 엄마   단식하면 큰일 나죠, 쓰러지죠.

면담자   예. 7월 15일에는 350만 명 서명지 들고 국회 청원을 하셨는데요.

준민 엄마   아, 그때 저는 안 갔어요.

면담자   그다음에 도보 행진이 7월 23일, 24일에 있었어요. 안산에서 광화문까지.

준민 엄마   광화문까지, 그거는 참석했어요.

면담자   그때 100일 집회 때?

준민 엄마   그때 참석했어요. 팽목은 못 갔지만은, 네.

준민 엄마 김혜경

면담자   그리고 자전거 행진도 있었는데요, 8월 달에.

준민 엄마   아, 아니요. 저 자전거도 못 타요(웃음).

면담자   저도요(웃음). 8월 15일에는 교황이 방문했었어요.

준민 엄마   예, 예예. 맞아요.

면담자   가셨어요?

준민 엄마   그때 안 갔어요, 네.

면담자   혹시 안 가신 이유가 있으신지?

준민 엄마   그때 안 간, 특별히 가기 싫어서 안 간 건 아니고 조금 무슨 일이 있어서 못 갔던 거 같아요.

면담자   8월 22일부터는 청운동주민센터에서 농성을 하셨어요.

준민 엄마   그렇죠.

면담자   76일간입니다.

준민 엄마   맞아요. 그때도 아예 상주는 하지 않았지만 몇 번 청운동에, 예. 왜냐면 그때 국회랑 같이 동시에 했거든요. 네, 그래서 청운동도 몇 번 갔었죠.

면담자   양쪽에 다 왔다 갔다?.

준민 엄마   예.

면담자   혹시 이 국회 농성과 청운동주민센터 농성에서 기억
나는 그런 순간들 있으세요?

준민 엄마   기억나는 순간? 청운동은 없고요. 국회 농성할 때 제
일 기억에 남는 게 저희가 잠복해서 들어간 적이 한 번 있었어요,
못 들어가게 해가지고. 이제 그 사람들도 저희가 조금 유가족 같은
옷을 입고 가면 막는 거예요. 또 그 국회 앞에는 정복 입은 경찰들
이 있었지만 중간중간에는 사복경찰들도 많이 있었어요, 안에서
도. 그래 가지고 저희가 진짜 웃긴 게 한번은 버스를 타고 갔다가
어후, 그분이 누구지? 국회의원 그 여자분? 김현? 김현 국회의원!
저희 유가족들 많이 도와줬던 그분. 그때 보좌관이 한번, 저희가
조금 멀리 버스를 타고 와서 대놓고 정말 개구멍처럼 된 곳 있잖아
요, 거기로 저희가 잠입해서 들어간 적이 있었어요, 한 사람씩. 그
래서 옷도 일부러 미리 공지를 해요. 노란 옷 그런 옷 입지 말고 오
라고, 아닌 것처럼. 그리고 또 몇몇은 점심시간에 들락날락 나갔다
들어왔다 할 때 같이 뭉쳐서도 들어가고 완전 저희가 스파이 잠입
처럼 그렇게 들어간 적도 있어요, 국회 들어갈 때.

면담자   그날 몇 분 정도가 그렇게 잠입하셨어요?

준민 엄마   거의 버스 한 대가 갔으니까, 거의 그분들이 다 그렇
게 나눠서 잠복해서 들어갔다고 봐야죠.

면담자   들어간 다음에는 이제 어떻게 하셨어요?

준민 엄마   또 웃긴 게 뭐냐면 들어가서는 저희 세상인 거예요. 저희가 다 농성하는, 어차피 거기 들어가 있는 사람들이니까 국회 식당 가서 밥도 먹고 또 식권 주면 직원식당 가서 밥 먹고, 그런 거는 자유롭게 했었어요. 화장실 이용 같은 거는 자유롭게 했었어요.

면담자   막 잡아내고 이러진 않았나요?

준민 엄마   그러진 못하죠. 저희가 국회에서 농성할 때는 방송이 많이 됐었으니까. 그러니까는 저희한테 그렇게 무례한 행동은 하지 못하게.

면담자   그래도 무례한 행동이나 그런 순간도 있었다고 들었어요.

준민 엄마   그거는 처음에 저희가 밀고 들어갔을 때 그때는… 저는 이제 낮에만 갔잖아요. 근데 밤 같은 경우는 또 저희 반, 전에 오준영 아버님이 저희 반 정말 끝까지, 처음부터 끝까지 거기에 상주하셨던 분이 있어요, 오준영 아빠라고. 근데 그분이 잠시라도, 이제 화장실을 가잖아요. 그러면 걔네들이 나와서 돗자리며 뭐며 침구며 싹 치우는 거예요. 거기서 잠을 잘 수 없게끔 아예.

면담자   그분만요?

준민 엄마   아니. 어, 자리만, 비우는 자리만 되면. 그래 갖고 서로서로 자리도 맡아주고. 이제 점심시간 되면 밥을 먹으러 가잖아요. 그러면은 자리를 요놈들이 치우는 거예요. 저도 그거 경험한 적 있어요. 낮에 갔는데 밥 먹고 왔는데 돗자리가 없어진 거예요.

면담자   깜짝 놀라셨겠어요.

준민 엄마   예예. 그러니까 얘네들이. 그래서 그다음부터는 이제 부모님들이 거의, 5반에서 먹고 오면 다른 반에서 먹고 오고 돌아가면서 많이 먹었죠. 자리를 없애버리니까.

면담자   그때 기자들과 인터뷰하거나 이런 적도 있었나요?

준민 엄마   음… 저는 별로 그런 적은 없었던 거 같아요.

면담자   그리고 또 삼보일배가 2014년에 있었는데요.

준민 엄마   아, 저는 참여 못 했어요. 그거는 몇 분 참여하시는 분만, 엄마들 하셨어요.

면담자   2014년 활동하실 때는 주로 같은 반 부모님들과 같이 하셨나요?

준민 엄마   그렇죠. 저희가 또 이렇게, 아무래도 우리 반 부모님들하고 더 정이 들잖아요. 같이 서명도 다니고 서로 같이 고생을 하니까. 다른 반들도 거의 같은 반 부모님들하고 더 아무래도 친하고 그렇죠.

면담자   이런 활동들에 참여하는 데 영향을 미친 요인 같은 게 있나요?

준민 엄마 김혜경

준민 엄마   영향을 미친 요인이 뭐가 있어요. 내 새끼 때문에 하는 거죠. 부모님들 다 내 아이 위해서 하고, 내 자식 위해서 하고. 지금 목포에 내려가 계시는 분들도 다 내 자식 위해서 하는 거죠.

면담자   알겠습니다. 2015년에도 굉장히 많은 일들이 있었는데요. 일단 1월부터 또 안산에서 팽목항까지 도보 행진이 19박 20일 동안 있었어요.

준민 엄마   그렇죠, 그렇죠. 저는 그건 못 했어요. 그때 어디까지 같이 갔더라? 오산까지, 수원 밑에, 저하고 다른 엄마하고 끝까지는 못 하고, 그때 자기가 할 수 있는 구간까지만 가도 되거든요, 내가 할 수 있는, 그래서 오산까지인가 갔었던 거 같애. 예예, 더 밑으로는 못 갔죠. 다리, 많이 걸으면 다리도 저리거든요. 그리고 ○○이 때문에 집을 오래 비울 수 있는 것도 아니고.

면담자   그러면 ○○이는 계속 혼자 있었던 건가요?

준민 엄마   아니요. 외할머니, 외할아버지가 와 있었고, 또 이모가 여기 살아요, 저쪽 옆에. 이모도 와 있고, 할머니, 할아버지가 거의 와 있었죠.

면담자   ○○이도 같이 간 적도 있었어요?

준민 엄마   국회 같이 간 적 있었고 그다음에 그때 어디 서명 갈 때 같이 갔었는데. 저희가 용인 수지에 한 번 간 적이 있었거든요, 저희 반이. 그때 같이 갔었어요, 주말이었어 가지고.

면담자 　　○○이는 그때 뭐라고 했었어요?

준민 엄마 　　○○이? 별로 내색을 하지 않는 아이라서, 그거에 대해서는 얘기는 따로 하는 건 없고, "엄마 힘들지 않냐"고, 이제서서 해야 되니까. "괜찮다"고, 엄마. 이제 엄마 걱정 많이 하죠.

면담자 　　본인은 별로 힘들어하지 않았나요?

준민 엄마 　　예. 그리고 그때 누구 또 친한 친구랑 같이 갔었어요. "엄마, 친구 데리고 가도 되냐"고, 그 친구는 유가족이 아닌데 ○○이랑 유치원 때부터 친했던 친구라서. 그 친구랑 같이 가니까 둘이 뭐 하다가 힘들면 앉아 있다가 아이스크림도 먹다가 그러니까 별로 힘들지 않게, 친구랑 같이 가서 그랬던 거 같아요. (면담자 : 다행이네요) 예예.

면담자 　　2015년에는 1월 29일부터 『금요일엔 돌아오렴』 전국 북콘서트가 시작됐는데요. 이것도 혹시 하셨어요?

준민 엄마 　　저희 반에 했어요, 5반에.

면담자 　　어디에 가셨어요?

준민 엄마 　　그때 어디였지? 서울 어디였는데 기억이 안 나네요, 5반 어디 했을 때. 그때 저… 그 새벽에 인터뷰한 것도 저희 집에 와서 인터뷰해 가지고, 그 커피기계랑 준민이 거 다 해가지고 갔는데 누군지 모르겠다. 그거 있을 텐데, 자료 찾아보면.

면담자 　　워낙에 많은 걸 하셔서 사실 제가 이렇게 쭉 읽고 있지만 기억이 바로 안 나실 수 있으니 기억하시라고 말씀드리는 거예요.

준민 엄마   예, 그때 했었어요, 맞아요. 그래서 저희 집에 와서 인터뷰도 해갖고 가고 그랬었어요.

면담자   자료가 있겠네요.

준민 엄마   예예. 맞아요.

면담자   2015년 봄, 또 4월에 많은 일이 있었는데요. 일단 광화문에서 삭발식도 하고, 그리고 4월 4일에는 1박 2일 동안 아이 영정 사진을 들고 광화문까지 도보 행진을 하는데, 참석하셨나요?

준민 엄마   아, 그때 상복 입고 했을 때, 저는 참석 못 했었어요.

면담자   혹시 건강 때문에?

준민 엄마   그때가… 아니요. 건강 때문이 아니고 제가 4월 되면 좀 무기력해지거든요. 지금 저 벚꽃 핀 사진[준민이와 함께 찍은 사진]도 14년 4월 5일 날 찍은 거예요, 준민이 수학여행 가기 일주일 전에. 저 해에는 정말 벚꽃이 다른 때보다 일찍 핀 거예요, 일찍 활짝 펴가지고. 오죽하면 저희 부모님들이 다 같이 하는 말이 "벚꽃나무 다 베어버리고 싶다"고, 단원고에 있는 벚꽃나무 다 베어버리고 싶다고 그런 소리 해요, 농담 반 진담 반으로. 밤에 가서 다 베어버렸으면 좋겠다고. 아이들이 단체로 찍은 사진이 다 벚꽃나무 아래서 찍은 사진이거든요. 그래서 그거 보면 되게 마음이 아프죠….

면담자   4월에 농성도 많았고, 세종시 해양수산부 항의 방문
이 있었어요.

준민 엄마   항의 방문 갔었어요, 저도.

면담자   4월 6일인데요.

준민 엄마   맞아요.

면담자   이때는 많이 가셨나요? 혹시 기억나는 장면 있으세요?

준민 엄마   버스 2대 정도 가가지고. 그때 엄청나게 무서울 정도
로, 저희가 그 높은 철창문 있잖아요, 그 위에를 아버님들이 밑에
서 받쳐주고 막 넘어가고 이랬었어요. 그 넘어간 분들은 다 안에
잡혔었죠. 조사받고, 안에 들어가신 분들은.

면담자   문을 안 열어준 거죠? 못 들어가게.

준민 엄마   안 열어줘서. 어, 안 열어줘 가지고 저희가, 아버님
들은 조금 과격하게 막 타고 넘어갔어요. 그분들 잡혀가지고 조사
받고 그랬잖아요, 그날.

면담자   어머님은 그날 같은 반 분들이랑 같이 가셨어요?

준민 엄마   같은 반 분도 있고, 제가 또 다른 반에도 친한 친구
들이 몇 명 있어요. 그래서 같이 갔었죠.

면담자   4월이면 많이 힘들다고 하셨는데, 그래도 이때 해수
부에 항의 방문 가신 건 계기가 있으셨어요? 누가 같이 가자고 했

다거나.

준민 엄마   제가 몸만 따라주면 하루에 갔다 올 수 있는 거리는
참석을 하려고 해요. 어디 가서 1박 2일 이렇게는 못 가더라도. 그
거는 ○○이가 되게 싫어하거든요.

면담자   아, 1박 2일 가는 건?

준민 엄마   그런 거는. 그러니까 엄마가, ○○이 좀 상처가 있
다 보니까 엄마가 눈에 안 보이면 애가 좀 불안해해요. 밖에 있어
도 통화를 늘 하는데도 눈에 안 보이면 조금 힘들어하는 경향이 있
어서 제가 좀 안심이 안 되고. 애가 그런가 봐요, 엄마가 눈에 안
보이면.

면담자   그리고 4월, 1주기 때 광화문 연좌농성 등의 행사가
크게 있었는데요.

준민 엄마   아, 1주기 때, 저는 2주기, 작년에도 그랬고 준민이
한테 갔다가 분향소 행사, 그렇게만 참석했어요.

면담자   분향소에 참석한 후에 다른 곳으로 더 가시거나 하
지 않은 이유가 혹시 있나요?

준민 엄마   그러니까 저 같은 경우는 작년에도 그랬고, 항상 준
민이 친구들이 동행을 했었어요.

면담자   아, 예. 저번에 말씀하셨던 친구들이요?

준민 엄마   예, 동행을 했어가지고, 하고 나서….

면담자   챙겨줘야겠네요.

준민 엄마   예, 그랬었어요.

5
집회 참여와 건강 악화

면담자   4월 18일에 시행령 폐기 집회가 있었는데요, (준민 엄마 : 네네, 맞아요) 시민들이 한 100명 정도 연행이 됐던. (준민 엄마 : 어, 맞아요. 맞아요) 그때도 가셨나요?

준민 엄마   예, 갔었죠.

면담자   그때 어떠셨어요? 좀 기억나는 장면, 마음이 아픈 순간도 많이 있으셨을 듯한데요.

준민 엄마   글쎄, 기억나는 거는… 없고. 저희로 인해서, 지금도 저희가 같이, 함께해 주시는 분한테, 그분들이 아니었으면 저희가 이렇게 올 수도 없었죠. 요 인원 갖고는 저희가 지금까지 이뤄낸 거를, 인양도 그렇고. 함께 도보해 주신 분들이 계셨기 때문에 지금 인양도 가능했던 거잖아요. 모든 게 다 그랬듯이 그때도 시민분들이 아니었으면 그 자리를[앞자리에] 저희가 갔겠죠. 그분들이 항상 보면, 광화문 집회를 갔어도 그분들이 저희 앞에 서세요. 저희를 뒤로 가라고 하고, 오히려 저희를 더 보호해 주시고 본인들이 앞장서시더라고. 너무 감사하죠.

면담자   혹시 시민활동가분들 중에 잘 알게 된 분이라든가 얘기를 나눈 분도 있나요?

준민 엄마   아니, 별로 없는데…. 여기 안산에서 활동하시는 분들은 저희가 공방에서 몇 번 봬가지고, 예, 알고 있어요.

면담자   아, 예. 또 5월 달에 어머님 그 물대포 맞으셨다고 (준민 엄마 : 네) 하신 그때인데요. 1박 2일 철야 농성, 안국역에서 이제 캡사이신 물대포 맞는 밤샘집회 할 때입니다. 그 물대포 집회 질문드리려고 하는데요. 여기 촬영자 선생님도 그때 계셨다고 하니까 그때 기억을 좀 편하게 얘기해 주시겠어요?

준민 엄마   그때 저 2주 갔는데, 2주가 가장 심했었거든요. 근데 2주를 다 간 거예요. 정말 … 막 엉망이었죠 뭐. 눈물에 콧물에, 경찰한테 막 이래서 온몸이 멍들고. 그래서 내가 두 번째 집회, 광화문 갔다 와서 쓰러진 거예요. 두 번째 갔을 때가 새벽 4시에 왔나? 그때가 더, 두 번째가 더 심했거든요, 첫 번째보다. 첫 번째는 12시쯤에 도착했고, 근데 두 번째는 진짜 새벽 3, 4시에 도착했던 거 같아요. 거기서 마무리가 끝나지 않아서. 두 번째는 정말 얘네들이 더 격하게 심하게 해가지고 진짜 그때 막 압사될 뻔하고. 아후, 진짜 그때 생각하면 정말, 지금도 그 얘네들이 막 쏜 그런 물대포에 최루탄에 막 이런 게 아직까지 그 내음이 나는 거 같다니까요.

면담자   몰아넣고 물대포를 쏜 건가요?

준민 엄마   몰아넣고서 우리가 그쪽으로, 우리가 저쪽으로 건너가려고 하니까 걔네들이 막고, 지네들은 아예 차 위에 올라가서 우리, 사람을 쏜 거지, 우리들 위에서.

면담자   처음부터 캡사이신 넣고요?

준민 엄마   캡사이신 마구 쏘아대고. 정말 와….

면담자   어머님, 그런 집회는 처음이셨죠?

준민 엄마   처음이었죠, 그런 거는 진짜. 그리고 이게 또 내 마음과 다르게 사람한테 밀리는, 밀려서 '진짜 이렇게 해서 죽는구나' 싶은 생각 있잖아요. '이렇게 해서 여기서 만약 넘어지면 죽는구나' 그 생각, 어. 그러면 옆 사람을 잡게 되고, 옆 사람 몸에 의지하게 되는 거예요. 공간 있으면 내가 쓰러지니까, 응응. 그래도 그때도, 아버님들은 또 우리 엄마들보다는 앞장서서, 아버님들이 엄마들 보호한다고 거의 앞에 서고, 우리 엄마들은 뒤에 서고 그랬죠. 나중에는 막 아수라장이 되니까 그 한두 번 안에 들어갔다가 이쪽으로 피해서, 샛길로 피해서 나와서 막 물로 헹구고 이러다가 조금 괜찮아지면 또 뚫고 들어가고, 아, 그랬었어요. 그때 내가 두 번째 갔다가 안산으로 갔는데 4시쯤 됐더라고요. 그때 제가 쓰러지고 못 일어난 거예요, 아침에. 일요일 날, 그날. 두 번째 집회가 격했거든요. 애네들도 물대포랑 이런 거 하는 게 첫 번째보다 두 번째 준비를 더 많이 해 온 거야.

면담자   두 번째가 며칠인 거죠?

준민 엄마   그때가 5월… 둘째 주, 셋째 주인가. 첫째 주, 둘째 주인가 그랬을 거예요.

면담자   그때 1주기 때 4월 16일 날 한 번 하고, 그다음에 18일 날이 아마 일요일이었을 거예요. 또 5월 1일 날도 했을 텐데.

면담자   그죠?

준민 엄마   둘째 주 셋째 주인가 아무튼 그랬어요. 근데 두 번째는 이것들이 사람을 죽일려고 더 준비를 해 온 거야.

면담자   연행도 많이 됐죠?

준민 엄마   이것들이, 그렇죠. 죽일려고 아주.

면담자   혹시 가족분들이 많이 연행되셨나요?

준민 엄마   그때가 두 명, 유경근 씨랑 누구랑 두 명 연행됐었는데. 유민 아빠랑? 어쨌든 어렴풋이 두 분 아버님이 연행됐던 걸로 제가 기억이 나거든요? 어렴풋이 그때. 정말 두 번째는 사람을 죽일 작정으로. 그때가 더 많이 모여, 첫 번째보다 더 많이 모였거든요. 그때 정말 죽자고 물대포를 쏘아대는데, 사람이 휘청휘청할 정도로. 눈 따가워서 나와서, 생수 또 우리 엄청 준비했거든요, 생수로 눈 씻고.

면담자   에프킬라 물총 같은 거예요?

준민 엄마   그런 거 있잖아요. 옛날에 보면은 바퀴벌레 잡는 통에 왜 이렇게 길게 [관] 달려 있어서 틈새 같은 데 하는[뿌리는] 거 있잖아. 그거를 여기 어깨에 메고, 그 통을, 통이 있어. 그 통이 어떤 통이냐면은, 또 너무 자세히 얘기하나 보다.

면담자   아, 예. 자세히 얘기해 주세요.

준민 엄마   시골에 농사짓는 분들 왜 농약 줄 때, 딱 그거야. 딱 그만한 크기 메고 그거를 막. 진짜 이렇게 딱 하면 막 꽂혀, 얼굴에.

면담자   그게 캡사이신 넣은 거예요? 맞으면 그냥 물인가요, 아니면?

준민 엄마   물이 아니지. 더 독한 캡사이신인 거 같애. 그거 아무튼 제일 독해 가지고 막 그거 쏘고. (면담자 : 맞으셨어요?) 엄청 맞았지. 얘네들 막 얼굴도 가려. 우리가 그날 우비를 입었었거든. 물대포 쏜다 그래서 우비에 모자에 옷도 두꺼운 거 가져가고 막 이랬었어요. 우비가 다 찢어진 거야, 나중에 보니까 막. 준비한 거 또 입었는데, 또 찢어지고. 사람한테 밀리고 막 이러니까. 아유, 그랬었죠. (면담자 : 아수라장이었겠네요) 그날이 최고, 응, 그랬던 거 같아요. 이것들 피도 눈물도 없는 인간들 아주, 사람들이.

면담자   그날 갔다 오시고 이제 쓰러진 거고요.

준민 엄마   예. 그날 간수치가 400이 넘게 올라간 거예요. 죽을

132

준민 엄마 김혜경

뻔했다니까. 내가 정말 정신이… ○○이가 "엄마, 엄마" 깨우는 소리는 나는데 못 일어나겠는 거예요, 열이 펄펄 끓어가지고. 정신은 '아, ○○이가 옆에서 부르는구나' 생각 들어서 말로는 "엄마 괜찮아" 이랬는데 벌써 울고불고 난리가 난 거야, 엄마 어떻게 될까 봐. 우리 ○○이도 초등학교 1학년 때 아빠 그렇게 잃었지, 오빠한테 맨날 의지하고 살다가 오빠가 갑자기…. 나 역시도 수학여행 갔다가 작별인사도 없이 이렇게 헤어졌지만, ○○이도 오빠랑 작별인사도 없이 헤어졌잖아요. 의지할 곳이 엄마밖에 없는데 엄마가 없으면, 내가 없으면 어떡해. 지금도 내가 아프다고만 하면… 얘가 그게 트라우마가 생긴 거예요, 응.

면담자   그날은 둘만 있었어요? 쓰러지신 날에.

준민 엄마   어, 그래서 이제 ○○이가 동생한테 전화를 한 거예요, 이모한테. 동생이 온 거야. 와가지고 여기 옆에 한도병원 응급실 갔었죠. 그래 가지고 피검사 했더니 간수치가 400이 넘는다는 거예요, 급성으로. 입원했었지. 왜 이렇게 된… 무슨 일이 있었냐고 의사가 물어보더라고, 도대체. 말 안 했어요, 제가, 응. 무슨 일이 도대체 있었길래 몸이 이렇게 됐냐고. 그때 한 4일 정도 입원했다가 나와서 거의 한 달을 약을 먹었죠.

면담자   지금은 괜찮으신 거예요?

준민 엄마   지금은 괜찮은데 이게 제가 뭐, 안 좋지만. 병원에서도 또 이럴 수가 있다고, 스트레스받거나[하면]. 스트레스는 또 안 받을 수 없는 상황이잖아요, 저희가 매일매일이. 그러니까 몸이 약하고 하니까 많이 무리하지 말라고 얘기해서 제가 그때부터는, 그날 이후로 조금 몸을 챙겼던 거 같아요. ○○이도 있고 하니까.

면담자   예. 무리하시면 안 되니까요.

준민 엄마   나 없으면 어떡해, ○○이는 챙겨줘야지 내가.

면담자   그 후에도 동거차도 감시단 활동이라든가, 특히 단원고 교실 문제가 생기잖아요. 10월부터는 교실 존치를 위해서 교육청 피케팅 같은 게 일어나는데.

준민 엄마   그거는 제가 계속은 못 가도 몇 번 참여했었어요. 멀리 가는 건 못 해도 요 가깝게 안산에서 하는 거, 그런 거는 적극적으로 할려고 노력해요. 이번에 10월 달에 정원 꾸미기 하잖아요, 화랑유원지. 그것도 제가 맡아서 하고. 그러니까 많이 힘든 거는 못 해도 제가 할 수 있는 일은 하거든요.

6
교실 존치를 둘러싼 갈등과 단원고 학부모운영위원회 활동

면담자   말 나온 김에 교실 존치에 대해서 여쭤볼게요. 조금 민감했던 사안입니다만.

준민 엄마   응, 그죠.

면담자   또 운영위원, 학교운영위원이기도 하니까 여러 가지
입장을 많이 아실 것 같아요. 교실 존치 관련해 그때 어떤 활동하
시고 어떻게 생각하셨는지 얘기해 주세요.

준민 엄마   교실 존치 같은 경우도 저희 유가족들은 물론 아이
들 추모공원이, 저희가 아이들 평생 거기다가 [학교에] 남겨두겠다
는 것도 아니고 추모공원 만들어지면 다 빼려고 생각하고 있었는
데. 지금 추모공원도 사실 백지, 지금 완전 백지가 된 거예요. 안산
시는 아무 회답을 못 했기 때문에, 현재는. 현재는 완전히 백지상
태에서 다시 저희가 시작을 해야 되는 부분이에요, 추모공원도.

그런데 그 전에, 그러니까 저 같은 경우는 ○○이가 학교를 다
니고 있잖아요, 단원고를. 지금 남은 아이도, 나한테는 남은 아이
도 단원고를 다니고, 준민이도 단원고에서 희생이 됐잖아요. 일단
은 추모공원을 짓고. 그리고 우리가 그 전에 5월 달에 빼기로 했잖
아, 그렇게 협약이 됐었잖아. 협약이 됐는데, 5월 달에 빼기로 했는
데 우리가 왜 그때 그걸 빼지를 않았나? 아이들을 제적을 시켰었잖
아요, 지네들 임의대로, 우리랑 아무 상의도 없이. 그리고 우리가
지금 명예졸업도 안 한 상태에서 아이들을, 부모님과 상의 없이.
그것도 어떤 부모님이 아이 재적증명서를, 생활부를, 생기부[생활
기록부]를 떼러 갔다가 우연히 이게 드러난 거잖아요. 우리한테는
아무 상의 없이. 경기도교육청과 단원고 지네들끼리만 얘기가 돼
가지고 아이들 제적을 다 시켜버린 거잖아. 그래서 우리도 5월
에 빼기로 했던 상황인데, 개네들이 그렇게 나오니까 부모님들이

또 … '아이들이 이렇게 희생된 것도 억울한데 너네 마음대로 지금…'. 우리가 명예졸업을 안 한다는 게 아니고 인양 후로 지금 미뤘을 뿐이거든요. 우리가 지금 아이들 앨범도 다 만들어놨어요, 명예졸업앨범도. 근데 왜 그때까지 참아주지를 못하냐는 거지. 우리가 억지부리는 게 아니잖아. 협약했던 대로 우리가 정리를 하겠다고 했는데, 왜 그거를 못 참고 학부모들이 그렇게 아이들 교실을 훼손시키고.

면담자　　그때 교실 훼손 문제도 있었죠?

준민 엄마　　있었죠. 지네 나름대로, 지네 마음대로 들어가 가지고 아이들 물건 마음대로, 유품 만지고 훼손했잖아.

면담자　　그때 갈등이 굉장히 심했던 걸로 알고 있는데요.

준민 엄마　　심했죠. 저도 그것 때문에 정말 스트레스 엄청 받았어요. 왜냐면 단원고 측에서는 내가 죽일 년이 된 거잖아요. 내가 사실 안 들어왔으면 얘네들도 편한데, 운영위 회의할 때도 유가족이 나 혼자인 거예요.

면담자　　계속 나가셨어요?

준민 엄마　　예. 내가, 유가족이 나 혼자니까. 〈비공개〉 지금은 2학년 돼서는 조금 좋아진 게 그래도 나하고 허심탄회하게 많이 얘기하려고 해요, 뭐든지. 우리가 8월부터 아이들 추모비 입찰해서 만들 거예요, 단원고에. 그게 빠르면 내년 3월까지 착공 완료예요.

준민 엄마 김혜경

추모비하고 추모 그 시설 이렇게 만들거든, 단원고에. 근데 그렇게 협약을 한 대로 그때까지 우리를 조금 봐줄 수도 있잖아요.

우리 부모님들은 정말 단원고 재학생 부모들한테 들을 얘기, 안 들을 얘기 다 듣고. 정말 어떤 부모들은 뭐 "애들 갖고 장사하냐"느니, "장난치냐"느니 이러는데, 아이들이 "야자 할 때 무섭다"고, "귀신 나올 거 같다"고. 그런 말 듣는 우리 부모 입장을, 부모들 마음을 조금이라도 헤아린다면, 지네들이 자식 키우는 입장에서.

근데 오히려 중요한 거는 재학생 아이들은 이 기억교실에 대해서, 교실 존치에 대해서 아무 반응이 없다는 거야. 반감이 없는데 왜 부모들이, 지네들이 아이들을 선동해서 왜 교실을 그렇게, 아이들 교실을 빼가지고 자꾸 내보내려고 하냐고. 결국 우리 쫓겨난 거잖아. 정작 야자 하는 아이들은 무섭지도 않대요, 무섭지도 않은데 왜 부모들이 지네 생각대로, 아이들 영정 사진 있어서 무섭고, 뭐 귀신이 나올 거 같아서 무섭고… 우리 애들이 왜 귀신이야. 그냥 거기 아이들 사진만 있을 뿐이지. 애들 공부했던 교실인데….

면담자   어머님은 2014년부터 계속 단원고 학교운영위 회의에 나가셨어요?

준민 엄마   2013년도부터.

면담자   아, 2013년도부터요?

준민 엄마   예, 준민이 1학년 때부터요.

면담자   그러면 2014년 참사 이후에도 쭉 나가셨어요?

준민 엄마   2014년도에는 어… 제가 준민이 찾고 올라와서 몇 달 못 나가고 아이들… 가을쯤에 제가 참석했던 거 같아요. 보통 학교마다 운영회의가 한 달에 한 번꼴로 있거든요. 연락은 계속 왔었어요, 문자도 오고, 회의. 근데 참석 안 하다가 그러고 나서 한 두세 번 참석했고, 이제 15년도는 아이는 없었지만 저하고 기억저장소 도언이 언니랑 둘이 다시 들어갔지, 명예 3학년으로. 그때는 아이들 교실 문제도 있었고, 학교 재정이 도대체… 우리 아이들로 인해서 학교에, 단원고가 지금 돈이 남아도는데, 우리 아이들 때문에 들어온 돈이라고 그게 다. 우리가 거기 안 들어가면 그 돈이 어떻게 쓰이는지 알 수가 없잖아, 어떻게 지출되고. 그래 갖고 아이는 없지만 우리 둘이 들어갔었죠. 이제 도언이 언니 같은 경우는 3학년 하고, 아이들 명예졸업 하고 재학생이 없기 때문에 들어올 수 없고, 나는 ○○이가 재학하고 있기 때문에 계속 지금까지 하게 된 거죠.

면담자   2016년과 올해까지요?

준민 엄마   응.

면담자   그럼 유일하게 2013년부터 현재까지 운영위원회 참가하는 어머님이시네요. 2014년 가을에 다시 나가셨다고 했잖아요. 그때는 특별한 사안이 있었어요?

준민 엄마 김혜경

준민 엄마   사안이 항상 있을 때 가죠, 항상. 운영위원회 개최할 때는 운영위원들한테 심의를 거쳐야 되는 사안이 있을 때 회의를 하거든요. 그때도 회의가 우리 아이들하고 연관된 회의는 아니었어요. 근데 내가 참석한 거는… 지금 교장은 작년 3월에 부임을 한 교장이고, 그 전에는 추×× 교장선생님이라고 우리 참사 나고 바로 교육청에서 우리 학교로 보낸 교장이 있었는데 그 교장이 되게 평판이 좋은 교장이었어요. 나도 그 교장선생님을 전에 몇 번 뵜는데 되게 진취적인 마인드를 갖고 계신 교장선생님, 되게 좋게 생각했던 존경할 만한 교장이었죠, 그 전에는. 근데 참사가 나고 9월 1일 자로 단원고로 부임을 한 거지, 해서….

면담자   좀 다른 면을 보게 되셨나요?

준민 엄마   다른 면을 많이 보게 됐죠. 배신감[을] 많이 느꼈지. 그분이 그 전에 마인드는 뭐 아이들에, 모든 부모들이 다 그렇겠지만 요즘 아이들이 인성이 많이 안 좋잖아요. 모르겠어요, 다른 부모들. 나 같은 경우는 아이들 키울 때 공부도 중요하지만 인성을 많이 생각하고 키웠거든요. 근데 그 교장선생님 얘기를, 강의를 들어보면 그런 마인드가 나랑 많이 맞았어요. 어, 많이 맞고, 아이들이 원하는 대로 좀, 아이들의 생각을 많이 듣고 그러니까 저랑 많이 마인드가 맞다고 생각했는데. 학교 일에 관해서는 제가 1년을 겪어봤는데 내가 생각했던… 물론 우리 학교가 좀 특별한 학교인 게 사실이잖아요, 단원고가. 참사 이후에 말하자면, 뭐라고 얘기해야 되나, 특별하다는 의미는 학교가 안정화가 전혀 안 됐던 학교였던 거예요. 여론의 관심도 있고, 선생님들 같은 경우도 아이들한테 집중을 못 하고…. 사실 모든 학교들이 충격을 받았겠지만, 그중에서 왜 제자들도 애착이 있는 제자들이 있잖아요. 그런 제자들이 희생되니까 선생님들도 트라우마가 많이 왔던 부분이고. 그래서 학교가 전혀 안정이 안 되고 붕 뜬 학교가 돼버린 거야, 단원고가.

근데 제가 그 선생님하고 얘기를 하고 회의를 하다 보니까 음, 뭐라고 해야 되나… "희생된 아이들은 희생된 아이들이고"라는 식으로 말씀해서] 실망… 실망한 면도 있지만 저는 섭섭함도 많이 느꼈어요. 실망도 많이 했고. "희생된 애는 희생된 애고…". 그분이 약간 그 어투가 좀 맺고 끊는 게 확실한, 말투 자체가 맺고 끊는 게 확실하게 말씀하세요. 전달이 잘되게끔 상대방한테.

면담자   그런 말투도 좀 서운할 수 있겠네요.

준민 엄마   전에 장학사도 하셨던 분이라서, 예. 나는 그게 되게 서운하고 배신감 느껴지더라고, 그 사람에 대해서. "희생된 애는 희생된 애고 남은 아이들은 제대로 끌고 가야 되지 않겠냐", 그래서 그때부터 아이들한테 막 재학생한테 투자를 막 한 거야. 〈비공개〉전혀 우리 아이들 학교 존치, 교실 존치 이런 거는 안중에도 없는 거예요. 안중에도 없고 남아 있는, 물론 이제 '내가 교장이기 때문에 얼른 학교를 똑바로 세워야 된다'는 그런 생각은 누구라도 있을 수는 있지만. 그 오죽했으면 내가 그분이 위암, 암 걸려가지고,

준민 엄마 김혜경

자기는 그게 단원고에서 스트레스받아서 위암이 온 거라는 거야. 자기가 단원고 안 왔으면 위암이 안 걸렸대.

면담자　　위암 판정을 받으셨나 봐요.

준민 엄마　　받아서 수술했어요. 2016년 11월에 위암 수술 했지.

면담자　　아, 혹시 그래서 교장선생님이 바뀐 건가요?

준민 엄마　　바뀐 거지.

면담자　　그 위암 판정 때문에.

준민 엄마　　그리고 자기가 학교를 쉬겠다고 그래 가지고 지금 이 교장으로 다시 바뀐 거죠.

면담자　　기존 교장선생님한테 서운함을 느끼셨던 구체적인 사건이 있었나요?

준민 엄마　　뭐 사건은 아니고. 사건이라기보다 내가 만날 때마다 서운하다고 한 건 나의 개인적인, 어쩌면 나만의 생각일수도 있죠. 그분은 평상시랑 똑같이 얘기하고 대했을지 모르겠는데 내가 나 혼자만이 느낀 건지 모르겠는데, 어떤 계기라기보다는 우리 아이들의 희생에 대해서는 전혀, 전혀 안중에 없는 거예요. 학교에 들어온, 얼마가 들어왔고 뭐 이런 거에만 관심 있고. 그 돈을 어떻게 써야 된다는. 왜냐면 그해에 들어온 거는, 명목으로 들어온 거는 지출을 해야 되거든요. 기부금 같은 경우도 지정기탁을 하는 사람들 거는 그해에 지출을 해야 되니까. 생각이 그거를 어떤 부분에서 뭐 교육청에서 내려온 거는 학교 안정화, 이거 내려온 거…. 근데 제가 13년도에 단원고 1년을 했을 때 맨날 마이너스 나는 학교였거든, 이 학교가 돈이 없어서. 근데 지금은 차고 넘치는 거야.

면담자　　　개인들의 기부금도 많았나요?

준민 엄마　　많았죠.

면담자　　　2014년, 2015년에요.

준민 엄마　　개인들도 많았고, 연예인들도 많이.

면담자　　　학교로?

준민 엄마　　학교로. 처음에는 우리 가족협의회에서 모금을 안 받겠다라고 했어요. 4월 달, 그러니까 지금 부모들이 그때 합의를 한 게 모금을 안 받겠다고 해서 안 했던 부분인데, 그러고 나서 5월부터 그 사랑의 공동모금[사회복지공동모금회 사랑의 열매]을, 거기서 세월호 희생자들에 대해서 한 거예요. 저희가 개인적으로 받은 게 아니고 공공단체로 받은 거지, 모금이 된 거지.

면담자　　　처음에는 일부러 모금을 안 받기로 하신 건가요?

준민 엄마　　그때는 그런 경황도 없었어요. 모금이라는 경황도 없었어요. 사실 우리가 뭐 천재지변이 나서, 홍수가 난 이재민도 아니고. 그런 부분이 아니잖아, 뭐 집이 무너진 것도 아니고. 그런 개념 자체가 없었지, 처음이니까 이런 참사는. 그래서 기부하고 싶었던 사람들이, 사람들이나 회사 기업들이 우리 아이들이 단원고 아이들이기 때문에 단원고로 다 한 거예요. 지금도 기부가 들어오고 있으니까, 우리 세월호를 잊지 않는 단체들이나 이런 사람들이. 하나도 돈이 없던 마이너스 나던 학교가 지금은 어디다 써야 될 줄 모를 정도로 돈이 차고 넘치는 거야.

면담자　　　혹시 규모가 어떻게 되나요? 이게 만약에 운영위원회에서 밝히면 어차피 따로 공개하죠, 학교니까?

준민 엄마　　규모는, 운영위원들한테는 공개를 다 하는데.

면담자　　　일반 공개는 안 되나요?

준민 엄마　　일반 공개는 안 하지. 왜냐하면 지출을 할 때는 학교에서는 정말 모든, 하다못해 몇천 원짜리 교구도 다 운영위원 심의 통과가 돼야 되니까.

면담자　　　예, 다 심의를 해야 되잖아요.

준민 엄마　　근데 규모가, 지금은 많이 지출을 했죠. 지금은 그 해외연수 보낼 만큼의 그게 없죠. 작년 하반기까지 보내고 올해는 그게 없어진 거예요. 〈비공개〉

면담자　　　운영위원회 차원에서도 고민이 많으셨을 거 같아요. 왜냐하면 기부금을 뜻있게 그 집행연도 안에 써야 하니까.

준민 엄마　　많았죠. 속도 많이 쓰리고, 속도. 그럴 때마다 막 속상하고 그랬죠. 저게 내 새끼 목숨값으로 들어온 건데, 우리 아이들이 희생 안 됐으면 단원고에… 단원고라는 학교도 사실 몰랐잖

아. 선생님, 몰랐었죠? 우리 대한민국에서 단원고라는 학교는 존재 조차 없는데, 모르는데 지금 전 세계적으로 단원고를 모르는 사람이 없을 정도잖아. 이 단원고에 누가, 여기다가 누가 기탁을 하고 누가 기부를 하냐고. 우리 아이들로 인해서…. 처음에 김수현도 보니까 3억이나 기부했더라고요, 연예인들도 다 자기 이름으로. 더 많이 한 사람도 있고. 그 돈이 지금 누적이 됐나봐요. 그 돈이 얼마냐고.

면담자　　　어머님께서 운영위원회에서 어떤 역할을 하셨는지 좀 얘기해 주시겠어요?

준민 엄마　　　운영위원회에서 역할이라고 하기[에]는, 저는 그냥 그날 심의에. 근데 저한테 의견을 많이 물어봐 주세요. 왜냐하면 이번에 추모비 조성 같은 경우도 아마 9월이면 입찰이 들어갈 거예요. 공개입찰 해가지고, 디자인도 공개입찰로 공모해서 내년 3월까지 착공 완료 기간을 잡고 있어요. 의견은 저한테 많이 물어보세요. 교감선생님 같은 경우도 어떻게 하는 게 유가족들에게 더 좋은 방향이냐 물어보면, 나는 최대한 중간 입장에서 이 정도면 괜찮을 거 같다 이렇게 의견을 다시 하고, 뭐 그렇게 하죠. 뭐는 안 했으면 좋겠다 얘기하고.

면담자　　　그럼 가족협의회와 학교 사이에서 이렇게 연결하는 창구가 따로 있나요? 어머님 통해서 하는 것도 있지만.

준민 엄마　　　그거는 운영위원장이 선두로 해가지고 거의 회의는

준민 엄마 김혜경

이뤄져요. 전명선, 그분 필두로. 거의 그분이 참석 다 하시거든요.

면담자   교실 존치 문제로 돌아가면 그때 가장 갈등이 심했잖아요. 운영위원회 내에서도 있었나요?

준민 엄마   엄청 심했죠.

면담자   혹시 기억나는 대로 자세히 말씀해 주시겠어요?

〈비공개〉

준민 엄마   뭐 교실 존치… 자기들끼리? 자기들끼리 내렸다기보다는 우리 유가족들, 유가족 부모들만 빼고 학교에서 몇 번 모임이 있었죠, 재학생 학부모들. 우리만, 우리 부모들만 싹 제외하고. 뭐 언제 학교로 쳐들어갈 건지. 우리가 음… 작년 5월 그때 학교에서 농성할 때 교실 존치, 애들 제적한 걸로 인해서 저희가 거의 일주일 정도 했잖아요, 학교에서 농성을. 그때도 우리 재학생 부모들 싹 빼고 다른 재학생 부모들만 모여서 학교로 두 번이나 쳐들어갔잖아. 우리는 모른 거야, 그 사실을. 우리한테 연락을 안 준 거야. 나중에 알고 보니까 내가 다른 일반인 엄마한테 문자 온 걸 보니까 "학교로 우리 교실 빼러 갑니다. 몇 월 며칠 7시에 학교로 오세요" 이런 식으로 자기들끼리만. 근데 우리 유가족 학부모들한테 그거를 싹, 아무도 받은 사람이… 연락을 다 했는데 아무도 못 받았다는 거야, 우리는.

면담자   어머님은 재학생 부모이기도 하잖아요, 작년이면.

준민 엄마　　　응. 그러니까 우리 유가족 학생, 재학생 부모들은 다 배제하고 나머지 재학생 부모들끼리만 연락을 주고받아 가지고 문자를 자기들끼리 한 거예요. "몇 월 며칠에 교실 뺍니다". 두 번의 몸싸움이 있었거든. 근데 우리한테는 그 문자 온 사람이 아무도 없는 거야. 자기들끼리…. 우리가 알게 되면 당연히 가족협의회에 얘기를 할 거 아니에요, 이 얘기를. 언제 언제 교실로 간다더라. 그러니까 한번은 그렇게 교실 가서 훼손시켰고, 한번은 얘네들이 이삿짐차 끌고 와서 책상 다 들어내려고 했잖아. 그걸 글쎄 우리는 싹 빼고 지네들끼리만, 우리를 딱 배제시키고.

면담자　　　몸싸움할 때도 있었나요?

준민 엄마　　　예.

면담자　　　학교에 계속 계셨어요?

준민 엄마　　　거기서 자지는 않고 아침에 갔다가 오고 그랬어요.

면담자　　　직접 부딪치고 이런 것도 있으셨어요?

준민 엄마　　　어… 부딪친 건 없어요. 교실 빼러 걔네들이 올라간다고 했을 때, 교실에 올라갔을 때 몇 분만 몸싸움을 했지, 다른 부모들은, 네.

면담자　　　그 후에 결국은 기억교실로 이전하는 걸로 결정이 났잖아요. 그것과 관련된 사항도 말씀해 주세요.

준민 엄마　　　그것도, 기억교실도… 저희가 지금 교육지원청에 그 기억교실[이] 되어 있지만 저희가 두 번을… 재정비가 안 되어서 두 번을 날짜를 다시 했잖아요, 너무 이거 기억교실을 소홀하게 해놔서, 우리가 원하는 방향하고 전혀 틀리게. 처음에는 정말 칸막이만 처놓은 상태로 옮기라고 했고, 두 번이나 이렇게 된 다음에 한 거지.

어쨌든 경기도교육청에서, 지금도 그래요, 경기도교육청은 단원고에다가 모든 거를 교장 일임이다, 원래 고등학교부터는 교장이 모든 거를 다 통괄하게 돼 있어요. 중학교까지는 교육청의 통괄을 받아야 되지만, 고등학교는 교장 산하에서 다 이뤄지거든요. 그러니까 교육청에서는 이쪽으로 다 미루는 거야. 근데 학교에서는 "교육청의 지시를 받아야 된다, 통괄을 받아야 된다", 이렇게 하는 거예요, 둘이, 아직까지도.

근데 교실, 학교 아이들 제적시켰을 때도 교육청에서는 학교의 권한이라고 그랬잖아. 학교에서 "재학생 수가 넘치면 원칙상 안 되기 때문에 아이들 제적시켰다", 이렇게 얘기했거든. 근데 교육청에서는 또 "여기서 임의대로 했다"고 얘기했잖아, 이놈들이.

면담자　　　　그때 안산 교육지원청으로 가게 된 과정이 있잖아요. 약간 불확실한데 처음에는 학교에 건물을 새로 짓는다는 얘기도 있지 않았나요?

준민 엄마　　　아, 학교에 새로 짓는다는 게 아니고, 지금 학교에 체육관 공사[를] 하고 있어요. 그 체육관 공사를 하게 되면, 이쪽에 학교를 새로 짓는 게 아니고 지금 공간에 있는 특별실 있잖아요,

교실 말고. 특별실을 그쪽으로 옮기면 이쪽에 교실이 더 확보가 되
잖아. 그래서 그렇게 해서 쓴다고 했던 거예요. 근데 지금 체육관
도, 이 체육관이 빠르면 올 연말까지 완공을 보고는[보게 되어] 있는
데 이제 그것도 딜레이 될 수 있는 부분이고. 그래 가지고 어쨌든
이제 못 하게 된 거예요. 처음에 체육관을 빨리만 지었으면 되는데
부지를 선정하는데, 부지를 갖고 계신 분이 [요구한 부지 대금이] 교
육청에서 체육관을 지으라고 내려온 돈보다 너무 많이 추가가 돼
서, 행정적으로 문제가 있어서 늦게 매입하게 되는 바람에 체육관
이 늦게 건립이 된 거예요.

면담자   원래 학교 부지가 아니었군요.

준민 엄마   학교 부지가 아니에요. 학교 옆에 개인 소유의 땅인
데, 이제 이분이 팔려고 하면서 터무니없이 가격을 불러서, 돈이
너무 많이 초과되는 바람에 좀 늦게 돼서, 매입. 왜냐하면 매입
을 학교에서 하는 게 아니고 교육청에서 해야 되는 거예요. 그게
늦어져서 지금 이렇게 됐지. 이것만 빨리 지었어도 아마 학교… 모
르겠어요, 그거는. 내 생각은 그런데 재학생 부모들은 계속 또 빼
달라 했을 수도 있고. 아마도 빼달라 했겠죠?

면담자   그런 게 늦어지면서 현재 상태로 이렇게 결론이 나
게 된 과정을 얘기해 주시겠어요? (준민 엄마 : 음… 그거 아시지 않
나?) 예. 근데 나중에 이걸 보실 분들을 위해서 (준민 엄마 : 아, 그래
요?) 어머님 입장에서 짧게 해주시면 좋을 것 같아요.

준민 엄마   어떻게 얘기를 해야 될까? 저희가 이제 농성을 하다
가 그날 어쨌든 교실을 빼는 걸로 해가지고, 5월 달에 교실을 빼기
로 했잖아요. 학교는 이제… 저희 농성할 때가 애들이 열흘 방학
중이었어요. 봄방학 중이었기 때문에 일요일 날 저희가 철수를 했
고, 월요일부터 아이들은 다시 학교를 가게 된 거죠. 음, 글쎄, 그
빼게 된 거는 그 분향소에서 빼기로 [하고] 협약을 하고 나서. 단원
고 교장[이] 쓰러지는 쇼 했을 때, 그때 협약을 해서 우리가 언제 언
제까지 빼주기로 했던 거잖아요. 근데 그게 저희가 안 빼주려고 했
던 게 아니고 교육지원청이 미비했던 거예요. 저희가 옮길 교실이
미비했기 때문에 날짜를 좀 늦췄던 거예요, 5월 말까지로.

음, 그러고 나서 다시 한번 했는데, 얘네들이 해놓은 것도 너무
허술하게 성의 없게 해놨기 때문에 다시 또 이제. 제가 그 부분에
들어가지 않았지만 거기 있던 몇 분이 그거 관련해서 일하시는 분
들이 계셨어요. 그때 교육지원청 교실 설계하는 부분에서 몇 분이,
저희 유가족 부모님들 중에. 근데 첫 번째도 말하자면 저희가 원하
는 [대로] 바로 되지 않은 거예요, 성의 없이. 두 번째도 또, 했는데
또 그렇게 된 거예요. "우리가 안 뺀다는 게 아니고 5월 말까지만
기다려달라" 그랬는데, 얘네들이 그걸 못 참고 아이들 교실에 들어
가서 유품 훼손시키고, 지네들 임의대로 이삿짐차를 불러서 교실
책상을 들어내고 이런 상황까지 온 거잖아요. 제가 아는 거는, 이
거는 다 아시는 과정이고 그래서 저희가 지원청을 정비를 하고 나
서 이제 옮겼던 걸로 그렇게 기억을 해요. 부모들이 피눈물을 흘리

면서 옮겼죠. 부모님들이 다 그러시더라고요, 단원고에 있을 때는 교실을 자주자주 찾아갔던 부모들도 옮기고 나서는 그게 잘 안 된다고, 다들 그러시더라고요.

면담자   교실에서 직접 하나하나 옮기신 거죠? 준민이 책상이랑 거기 있던 것들이며.

준민 엄마   그렇죠. 다 가서 싸고, 개인적으로 다 포장해서 싼 부모님도 계시고, 아닌 부모님들은 다른 분들이 가서. 저희 반도 아까 얘기했던 성현이 언니랑 저랑 몇 분이 가가지고 다 포장… 이제 톡에다가 했더니 못 오시는 분들 계시더라고요. 가시는 분들이 포장해 달라고 이래서 그분들 거는 저희가 포장해서 해주고 그랬죠.

7
촛불 정국과 세월호 선체 인양에 대한 생각

면담자   교실 존치 외에도 되게 많은 일들이 2015년 하반기부터 있었는데요. 전국간담회라든가, 선전전 피케팅이라든가, 혹은 재판 과정 참관, (준민 엄마 : 네) 하셨어요?

준민 엄마   저 광주 엄청 다녔어요. 광주 재판에 한 번도 안 빠지고 갔어요.

면담자   광주 재판은 왜 전부 가셨어요? 어떤 마음의 계기가 있으셨는지?

준민 엄마   처음에 갈 때는 선장 새끼 얼굴 한번 볼려고. 도대체 어떻게, 화면으로 보고 TV로 봤지만 실제로 정말 궁금했어요. 그, 그놈뿐만이 아니고 다른 선원들도 다. 도대체 어떻게 생겼고, 어떻게 얼굴 들고 있나. 그건 아마 저뿐만 아니고 다른 부모들도 똑같은 마음으로 가셨을 거예요.

면담자   보면서 어떠셨어요?

준민 엄마   다들 손수건 꺼내놓고 울었죠, 다들. 여기서 엉엉 울고, 저쪽에서 엉엉 울고.

면담자   혹시 특조위 청문회라든가 다른 지역은? 해외까지 방문하신 분들도 있다고 하던데.

준민 엄마   예, 있으셨어요.

면담자   제가 언급한 이런 것들 말고도 혹시 다른 공동체 활동이나 그런 거 참여하신 거 있으세요? (준민 엄마 : 제가요?) 네. 아까 공방에도 잠깐 나가셨다고 하셨는데요.

준민 엄마   예예. 공방에도, 초에는. 〈비공개〉 그때는 진짜 재미있었어요. 저희 마음 맞는 언니들이라서.

면담자   정기적으로 나가서 만드는 활동하신 건가요?

준민 엄마   저희 그때 한창 수놓는, 리본 만들고 뜨개질하고 그런 것 때문에 나갔었어요. 이 언니들 셋이 하다가 어떤 계기로 그만둔 거예요, 언니들이. 가서 막 얘기하고 수다 떨고, 엄마들이 사실 공방 가면 다 저 같은 마음일 거 같아요. 다른 사람하고 얘기하기 힘들어도 저희 유가족 부모님들끼리는 서로 웃기도 하고, 가끔 울기도 하고 막 이러면서 지내거든요. 가서 진짜 저희 재미있었어요. 〈비공개〉

면담자   알겠습니다. 3년간의 활동을 대략적으로 돌아봤는데 작년 2016년에 확 바뀐 일들이 많았잖아요. 촛불집회에는 많이 나가셨던가요?

준민 엄마   촛불집회 할 때 11월에는 나갔었고, 12월에는 두 번인가 나가고 그 뒤로는 날씨가 너무 추워서 안 나갔어요, 그렇게.

면담자   그때는 어떤 생각하셨어요? 그러니까 박근혜가 이렇게 될 줄 어머님들이 생각하셨는지?

준민 엄마   아니, 처음에는 정말 국정농단이라고 나올 때, 처음에 TV에 나올 때는 그게 사실 생소하잖아요. 국정농단이란 단어도 생소하고, '정말 저랬을까? 최순실이란 여자가 정말 나라를 좌지우지하고, 그래도 대통령인데 대통령 위에서 정말 이렇게 했을까?' 사실 반신반의했거든요. 근데 그거에 대한 증거가 계속 나왔었잖아요. 이 촛불집회는 대한민국에 사는 사람이라면, 저희 유가족뿐만이 아니라 누구라도 대통령을 끌어내려야 된다는 생각 때문에

준민 엄마 김혜경

참여를 했었던 거 같아요. 그러시지 않았나요, 그죠? 그 마음뿐이었던 거 같아요, 응. 나라를 이 모양 이 꼴로 만들고. 그러고 박근혜만 아니었으면 저희 아이들, 다른 대통령이었으면 저희 아이들 살았을 거 아니에요.

면담자   그 후에 세월호가 인양이 되는데요. 긴 시간 동안 많은 일들이 있었는데 특별히 기억에 남는 장면이라든가 혹은 좋았거나 많이 힘들었던 일은 어떤 것이었을까요?

준민 엄마   음… 인양 얘기라면은 처음에… 날짜가 기억이 안 난다. 시범 인양 한다고 그랬었잖아요. 저희는 이 사단법인 밴드에 모든 게 올라와요. 오늘 시범 인양이면 '시범 인양이 올라옵니다'. 그 모든 일정, 일정이라고 해야 되나? 그런 스케줄이 올라와요. 아침에도 몇 개씩 올라와요. 그러니까 저희 사단법인 같은 경우는 진상분과장이면 분과장, 그 각 과에 분과장들만 여기, 저희 같은 사람들은 올리지도 못해요. 담당 분과장들만 올리게 돼 있어요, 이게 규정이. 그러니까 이것들 올리거든요, 모든 게 올라와요. 인양 같은 경우도 처음에 시범 인양 한다고, 그 동수 아빠, 인양분과장이 상황을 계속 올렸어요. 몇 시에 한다, 이렇게 한다 해가지고. 그리고 TV에서도 생중계 해줬잖아요…. 근데 이제 시범, 말 그대로 시범 인양인 줄 알았는데 이게 본 인양이 돼버렸잖아요. 이게 못 한 게 아니고 안 한 거잖아요. 충분히 그 전에도 할 수 있었는데, 그랬으면 지금 미수습자들이 3년 넘게 있으니까, 미수습자들이 지금 유해를 못 찾은 거잖아요. 빨리만 인양했어도 배도 더 온전하게… 지금 안에가 다 무너져 가지고 볼 수 없을 정도로 됐지만, 처음에 우리가 원할 때 해줬으면 온전한 상태, 지금보다 더 온전하게 인양을 했잖아요.

면담자   미수습자 수습이라든가, 혹은 지금 철근이라든가 이런 뉴스가 계속 나오고 있는데 어떤 생각이 드세요?

준민 엄마   '아, 우리가 생각한 게 사실이었구나' 그 생각 들죠. 우리 부모님들 만나면 그런 얘기 해요. 사실 철근 얘기가 초창기에 나왔던 얘기잖아요, 생존자들 입에서도 나왔고. 꽝 하고 터지는 소리가 났고 이런 게 '아, 진짜 배에 싣지 말아야 될 걸 실어서 이렇구나'. 근데 지금 이렇게 점점 그 안에서 우리가 생각했던 게 나오고 있으니까 '아, 그게 진짜였구나. 배를 일부러 침몰시켰구나' 이런 생각이 당연히 기정사실화되고 있는 거죠. '일부러 배를 구하지 않았구나', 이런 게.

8
지난 3년간 힘들었던 일들과 힘을 받았던 일들

면담자   지금부터는 지난 3년간을 돌아보는 질문들을 드릴 건데요. 어머님, 목마르거나 하진 않으세요?

준민 엄마   예, 괜찮아요.

•
준민 엄마 김혜경

면담자   알겠습니다. 3년 동안 계속해서 활동을 해오셨는데, 그 동력이 무엇이었다고 생각하세요?

준민 엄마   이유요? (면담자 : 예) 이유는 한 가지죠. '억울하게 죽었으니까, 아이들을 보냈으니까 부모로서 당연한 일을 한다' 생각하는 거죠. 이거라도 안 하면 어떡해요? 내가 할 수 있는 거라도 안 하면.

면담자   지난 3년간 활동이나 선택에 대해 아쉽거나 후회하는 점도 있으세요?

준민 엄마   음… 아쉬운 부분은 많죠. 제가 건강만 따라줬다면 더 많이 참여하고 그랬을 텐데 그렇지 못한 게 아쉽죠. 모든 게 아쉽죠. 잘한 건 하나도 없죠. 모든 게 아쉬움이죠….

면담자   잘한 것으로 생각되는 건 없으세요?

준민 엄마   잘한 거라고요?

면담자   예.

준민 엄마   반면에 그냥, 음… 내가 중간에 포기하지 않고, 많이 참여하지 못한 건 아쉽지만, 그래도 중간에 포기하지 않고 지금까지 꾸준히 그냥 해오고 있다는 게 또 뿌듯하죠. 아쉬운 반면에 뿌듯한 것도 있죠.

면담자   그러면 3년 동안 어머님을 가장 힘들게 했던 점이 무엇인가요?

준민 엄마　　　힘들게 했던 거요? 아이를 볼 수 없는 게 가장 힘들게 했던 거죠. 내 새끼 못 보는 게 가장 힘들죠.

면담자　　　아까 언급하신 대로 주변 사람들이나 사회의 시선도 있었고요.

준민 엄마　　　그런 것도 힘들죠. 아는 사람 만나는 것도 싫고, 아는 사람 만나면 내가 돌아가서라도 안 마주칠려고. 마트 가서도 장바구니 들고 이렇게 가다가 저쪽에 아는 사람 있는 거야. 그러면 다른 라인으로 돌아서 가고. 저번에도 이마트 갔는데 전에 아파트 친했던 언니를 만난 거예요. 만난 게 아니고 내가 먼저 본 거예요. 이마트가 얼마나 넓어요? 장을 보면서 계속 내가 그 언니를 마주치지 않으려고. 그 언니는 나를 못 봤지만 나는 그 언니를 봤으니까 그 언니가 어디어디 가나를 내가 눈치를 보게 되는 거예요. 마주치지 않으려고, 응.

면담자　　　그분한테 상처받는 말을 들은 적이 있으셨어요?

준민 엄마　　　아니.

면담자　　　그런 건 아닌데?

준민 엄마　　　뭐 다이렉트로 들은 건 아닌데, 그냥 남들이 생각하면 어쩌면 자격지심이라고 생각할 수도 있어요. 근데 우리는 피해자잖아요, 피해자인데⋯. 남들은 '어쨌든 돈으로 다 보상받았는데⋯' 이렇게 생각하는 거예요. 근데 두 분 아시다시피 저희가 받은 돈 얼마인지 아시죠? 받은 돈, 받아야 할 돈.

면담자　　　저도 사실 정확하게는….

준민 엄마　　혹시 알아요?

면담자　　　그 계산을 한 게 이제 일반적으로 임금 계산해 가지고 명당 8억 이런 식으로 했다고….

준민 엄마　　8억도 안 돼요. 정말 아이들 최저, 일반 노동자의 최저임금이고. 그것도 남자애들은 3년을 뺐어요, 군대 기간. 근데 남들은….

면담자　　　사실 그게 돈으로 환산되는 문제가 아니잖아요.

준민 엄마　　당연하죠. 내 새끼가, 그리고 애들이 지금 18살인데, 나중에 정말 얼마나 훌륭한 사람이 돼가지고 아이들이 연봉을 얼마씩 받을 줄 지네들이 어떻게 이걸 알고 돈으로 환산해 가지고 최저, 막노동꾼들 최하임금으로. 남자애들은 또 군대 기간도 뺀 거예요. 여자애들에 [비하면], 그 계산을. 아후, 그러니까 부모들이 지금 소송 걸고 그렇게 하는 거잖아요. 누가 감히, 우리 아이들 목숨값을 누가 감히 그 임금으로 계산해 가지고. 근데 누구는 뭐 건물을 세 채 샀다는 얘기를 들어서, 아주 정말 황당무계해 가지고, 이 엄마가 진짜 자기 너무 황당했다면서. 그런데 그게 이제… 모르겠어요, 저만의 자격지심인지 모르겠지만, '저 사람이 준민이가 없을 때 나를, [준민이가] 없는 나를 어떻게 볼까, 좀 불쌍하게 볼까?' 그런

마음이 드는 거예요. '나를 측은하게 볼까?' 누구 마주치는 게 좀 무
서워요.

면담자　　　그런 걸 피하게 만드는 게 사실 한국 사회의 분위기
였던 거 같아요.

준민 엄마　　　그렇죠. 사실 제가 당사자잖아요. 또 가끔 이런 생각
도 해봐요. 저는 아직도 준민이가 없다고 생각을 안 하거든요. 저
는 지인, 제가 아는 지인들은 준민이가 없는 거를 알지만, 지금 새
로이 알게 된 사람들은 준민이 유학 보냈다고 얘기해요. "저 아들
유학 갔어요" 그래요. 21살인데…. 저는 가끔 그런 생각도 해봐요.
이게 내가 아니고 다른 사람이었으면 저 사람을, 내가 그 사람을
어떻게 대했을까? 반대로 또 생각해 봐요. 지금 내가 당사자여서
하는 얘기가 아니고, 그 사람 되게 배려할 거 같거든요, 나라면. 되
게 배려할 거 같은데, '사람들은 왜 저렇게 저 사람한테 상처 되는
말을 하고 자기들끼리 왜 저럴까?' 그렇게도 제가 생각을 해봐요.
'나는 안 그럴 거 같은데, 나라면'.
　　제가 좀 밖에, 학교 일도 많이 하고 이러다 보니까 아는 사람 많
았거든요. 근데 그런 거 있잖아요. 처음에는 다들 안쓰러워하죠.
이런 상황에서 누가 안 그러겠어요. 이게 내 일이 아니라도 이 많
은 아이들이 희생됐던, 누가 불쌍하고 안타깝지 않아요. 처음 마음
하고 같았으면 좋겠는데 뭐… 2반에 그 어떤 부모님은 "언제까지
그럴 거냐?" 다른 사람이 그랬다고 하더라고요. 그분이 들었는데,

그 아는 지인이 그랬대요(침묵).

면담자   뭐라고 그랬는데요?

준민 엄마   아이… 이제 그 엄마가 조금 그런 거… 있잖아요, 원
래도 꾸미지 않는데 지금은 더 안 꾸미는 거예요. 엄마가 더 의욕
이 사실 없잖아요. 더 안 꾸미니까 다른 사람이 그런 말을 하더래
요, "애 보상금 많이 나왔는데 왜 그렇게 맨날 꾸질꾸질하게 하고
다니냐"고, "옷도 좀 좋은 것도 사고, 전에는 없어서 그랬지만 지금
은 돈도 많은데 왜 그렇게 하고 다니냐"고 그랬대요. 그래서 이 엄
마가 그랬대요, "자기 그 돈 죽을 때까지 한 푼도 못 쓴다"고, "그
돈을 어떻게 쓰냐"고, "나 그 돈 눈감을 때까지 못 쓴다" 이렇게 얘
기했다고 그러더라고, 그 사람한테. 근데 진짜 죽고 싶었대요….

저희가 정말 직접 안 들어서 그렇지 쑥덕대는 사람 많아요. 얼
마 나왔나, 도대체 얼마를 받았는지 궁금한 사람도 많고. 10억을
받았는지, 20억을 받았는지, 돈 얘기 할 때가 가장 많이…. 이건 저
뿐만이 아닐 거예요. 돈 얘기 할 때 가장 상처 많이 받고, 가장 아
픈 거 같아요. 자식이 없는데… 그럼 지들도 자식 보내고 그 돈 받
으면, 자기들은 그 돈 마음대로 쓰고 그러겠어요?

면담자   못 하죠.

준민 엄마   근데 내 일 아니라고 너무 쉽게 쉽게 얘기하고, 함부
로 얘기하고 그러니까. 저 그때도 얘기했지만, 마트 가도 눈치 보
인다니까요. '뭘 사야 되나?' 과일 좀 비싼 거 사면은 '아유, 비싼 과

159

2회차

일 산다' 이런 눈초리도 혹시라도. 이건 내 자격지심일지도 모르겠는데, 제가 그냥 그래요.

면담자   꾸미지도 못하고.

준민 엄마   물건 살 때도.

면담자   그런 얘기 많이 하시더라고요.

준민 엄마   예.

면담자   늘 울고 있어야 될 거 같고.

준민 엄마   그죠? 그러니까 저희가 같은 유가족 엄마들 만나면은 즐겁고 재미있어서 웃는 게 아니고 그냥 편하게 웃는다니까요. 다른 사람 만나서 웃으면 '저거 속없이 자식 보내고 뭐가 좋아서 저렇게 웃나?' 이럴까 봐(침묵).

면담자   반대로 지난 3년 동안 가장 위안이 되었던 점은 무엇이었어요?

준민 엄마   위안이 되었던 점이요?

면담자   예.

준민 엄마   반대로, 아까 얘기했던 그렇게 말하는 사람도 있지만, 또 묵묵히 옆에서 같이 아파해 주는 사람도 있어요. 제가 아는 지인분들도 그런 분들 많아요. 저 울면 같이 울어주고, 가식이 아니고 진심으로. 그리고 제가… 그런 말 있죠? "가족보다 가까운 이웃이 낫다"고. 가족은 내 가족이라 아파해 주지만은 내 이웃, 제가 준민이 일 겪으면서 '진짜 내 사람이다'는 사람 몇 명 만난 거예요. 진짜 그 전에는 그냥 학교 엄마로, 모임 엄마로 이렇게 만났던 사람인데, '그 사람이 정말 정말 진국이다'라는 생각[이] 들은 사람이 있어요.

면담자   그분은, 왜 그런 생각이 드셨어요?

준민 엄마   아니, 그런 생각이 왜 들었는지 모르겠지만은 제가 느끼기에 그 사람이 저한테 하는 게 진심이라는 게 왜 느껴지잖아요. 가령 "밥 먹었냐"고 전화가 와요. 그러면 그냥 "아점 먹었어" 이렇게 얘기하든가, 안 그러면 "○○이랑 같이 아침에 먹었어. 입맛이 없네". 집에 있는 빵을 먹든가 간단하게 먹잖아요? 그러면은 저는 거의 늘 집에 있으니까, 누가 벨을 눌러요. 보면은 손에 순댓국을 사가지고 오는 거예요, 같이 먹자고. 자기가 와서 같이 먹어야지 먹을 거 같아서 같이 먹으려고 왔다고. 그런 게 마음에서 우러나지 않으면 못 하잖아요. 제가 "먹었다"고, "입맛 없다"고, "빵 먹어서 별로 생각 없네" 이러면 '아, 그렇구나' 이렇게 생각하죠. 누가 굳이 가가지고 순댓국 포장해 가지고, 와가지고 같이 먹으려고 하겠어요. 근데 정말 그 사람하고 제가… 그다지 전에는 친하고 이러지 않았거든요. 그냥 보통의 엄마로 지냈고, 이런 엄마였어요. 근데 참 준민이 일 있고 나서 많이 챙겨주더라고요. 고마운 분들[도] 많아요. 조금 상처 주는 분도 있지만은 잘 챙겨주고 옆에서 고마운 분들 많아요. 그런 게 감사하죠.

9
4·16 이후 변화된 생각과 앞으로의 바람

면담자   어머니, 4·16 이후 세상에 대한 관점이나 삶을 보는
태도에 뭔가 변화가 생겼다고 생각하세요? 예컨대 가족, 자식, 자녀
교육, 국가, 한국 사회, 정치, 안산, 이웃, 종교, 신앙, 직장, 돈….

준민 엄마   뭘 그렇게(웃음).

면담자   (웃으며) 이렇게 되어 있네요. 이 중에 뭔가 '내가 바
뀌었다' 이런 게 있다면?

준민 엄마   음… 바뀐 거요?

면담자   예.

준민 엄마   (침묵) 글쎄. 가족이나 친지들은 물론 전보다 더 고맙
고 애틋한 마음이 있죠, 생겼죠. 그게 더 많이 생겼고. 음… 세상을
보는 관점은… 글쎄 이걸 뭐라고 표현해야 될까, 착하게 살아야 되
겠다? 다른 사람에게 상처 주지 말고, 좀 포괄적으로 그렇게 바뀌
었다고 해야 되나? 바뀌었다고 말하는 거보다도 그냥 그렇게 생각
이 좀 정리됐다고 해야 되나, 응.

면담자   왜요?

준민 엄마   조금 좋은 일도 많이 하고, 준민이 몫까지. 그렇게 착하게 살아야 나중에 만날 거 같아서, 만날 수가 있을 거 아네요. 그래야 좋은 곳에 갈 거 아니에요. 나쁘게 살면 좋은 곳 못 가잖아. 지금 애들은 다 좋은 곳에 가 있는데 부모들이 나쁜 짓 하면, 좋은 곳 같이 못 가면 못 만날 거 아니에요. 그러니까 더 착하고, 막연하지만 그냥 기회가 된다면 좋은 일도 좀 하면서 살고 싶어.

면담자   세상을 원망하는 마음이나 이런 게 강해지진 않으셨어요?

준민 엄마   아후, 세상을 원망하기보다는, 세상이라기보다는… 박근혜를 죽이고 싶죠. 세상이 잘못한 건 아니잖아. 국회나 박근혜가 잘못한 거지.

면담자   앞으로 계속 두고 봐야겠네요.

준민 엄마   그렇죠. 오래 살고(웃음) 끝까지 지켜볼 거야, 아주 끝까지. 착하게 살아야죠. 그래야 나중에 만나도 할 말 있지. 준민이 몫까지.

면담자   현재 가장 걱정되거나 고민하는 점은 어떤 게 있으세요?

준민 엄마   현재요?

면담자   예.

준민 엄마   걱정되는 거? 걱정되는 건 ○○이밖에 없어요, 제

건강하고. 제가 건강해야지 ○○이 옆에 오래 있으니까. 시집가서 애기 낳으면 보고. 지금 막 혼자 그런 생각해요. '나중에 애기 낳으면 산후조리도 해줘야 되고…' 그런 거. 근데 내가 없으면 혼자서 뭐든지 혼자 해야 되잖아요. 오빠도 없고…. 항상 그 생각 해요. 이 세상에 내가 없을 때 쟤 혼자 어떡하나, 지금 저에게 가장 걱정은 그거예요. 그 부분이 가장 걱정돼요, 매일매일이. '내가 오래 옆에 있어줘야 되는데' 하는 그 생각. 매일 그 생각밖에 없죠.

면담자   그럼 앞으로 어머님의 삶에서 한 가지 추구하고자 하는 목표가 있다면 어떤 것일까요?

준민 엄마   나한테?

면담자   예.

준민 엄마   음… 나한테? 그냥 제가 조금, 음… 뭐라고 해야 되지? 지금의 나보다, 그러니까 나한테 바라는 게 있다면, 지금의 나보다 조금 더… 예전의 나로 돌아가기는 힘들겠지만 지금보다는 조금 더 그렇게 됐으면 좋겠어요, 전처럼, 응. 그렇게 되기 쉽지 않겠지만.

면담자   앞으로 바라는 점, 인생에서 추구하려는 목표 이런 게 있으신가요?

준민 엄마   아까 조금 얘기하다가 말았는데 전처럼 되지는 않겠지만, 전에는 그래도 제가 조금 다른 사람한테 그런 얘기 듣고 살았거든요. "되게 멋지게 산다"고. 그 얘기를 많이 들었었어요. 저역시도 제가 조금 '음, 괜찮게 살았다'고 생각을 해요. 저는 도전하는 거에 대해서 두렵지 않았거든요, 전혀. 뭐든지 제가 하는 걸 좋아하고, 배우는 걸 좋아하고 이랬는데 지금은 아무 의욕이 없는 거예요. 근데 이렇게만 살면 제가 행복하지가 않잖아요. 제가 행복하지 않으면 또 ○○이도 행복하지 않잖아요. 그러니까 제가 전으로 돌아가도록 조금 더 밝게, 그렇게 살았으면 좋겠어요.

면담자　　　그러면 세월호와 관련해서는 어떻게 되길 바라세요?

준민 엄마　　음… 그거는 뭐 빨리.

면담자　　　예를 들면 진상 규명이라든가.

준민 엄마　　당연하죠. 진상 규명이 우선이니까. 아이들 한은 풀어줘야 되잖아요. 그거와 더불어 추모공원 조성[이] 하루 빨리 됐으면 좋겠고, 저희가 원하는 바[대]로 됐으면 좋겠고. 남은 미수습자들 빨리 찾아서 저희 조금 안정… 안정된다고 해야 되나? 하나하나 좀 안정됐으면 좋겠어요. 추모공원도 빨리 부지 선정되고 해서, 지금 완전히 백지화라 다시 시작해야 되니까. 안정되면 저희도 더 안정이 되니까. 안정됐으면 좋겠어요.

면담자　　　그런 목표가 다 달성이 되면 그 후에는 무엇을 하고 싶으세요?

준민 엄마　　아마 이게 다 되고, 추모공원까지 다 되면 그때는 조

금 더 행복해지지 않을까요, 지금보다? 지금은 사실 어깨에[를] 뭔
가가 누르고 있잖아요. 내가 해야 되는 목표가 있고, 또 우리 부모
님들이 해야 된다는 목표가 있으니까. 근데 아이들이 원하는 진상
규명이 됐고, 그러면 저희가 조금 어깨가 가벼워지지 않겠어요? 조
금 더 행복해지겠죠, 지금보다.

면담자   진상 규명은 어머님께 어떤 의미고, 진상 규명에 대
해서 어떻게 전망하시는지 알려주시겠어요?

준민 엄마   전망이 어떻게… 아, 전망이라기보다 진상 규명은
반드시 돼야 되죠. 그거 안 되고서는 부모님들이 어떻게 눈을 감겠
어요. 내 아들이, 물론 남들은 그렇게 얘기해요, "배에서 못 나와서
죽었다". 이렇게 얘기하지만 과정이 있잖아요. 아이들이 왜 배에서
못 나왔고, 배가 왜 침몰했고…. 그게 항해사가 급변침을 해서 갑
자기 그렇게 큰 배가 침몰했겠어요? 이유가 있으니까, 그러니까 저
희가 편하게 눈을 감을려면 마지막까지….

왜냐하면 이걸 부모세대에서 못 하면 지금 형제자매, 얘네들은
부모랑 또 마음이 다르단 말이에요. 물론 내 형제가 희생돼서 안쓰
럽고 마음 아프지만 자기들 나름 또 나중에 가정도 꾸려야 되고 이
일에 매달릴 수가 없잖아요. 그러니까 저희가[의] 숙제죠. 우리가
이거를(한숨) 어쨌든 완수하고 눈을 감더래도 감아야지 안 그러면
어떻게 부모들이 눈을 감겠어요. 내 새끼가 왜 죽었는지도 모르고
어떻게 눈을 감아.

면담자　　　　작년이랑 올해 특조위 관련해서 하신 활동이나 바라는 점, 그런 게 있으실까요? 특히 작년 1기 특조위가 수사권, 기소권 없이 (준민 엄마 : 그죠, 그죠) 됐고 또 기간도 짧고, 방해도 많이 받았었지만요.

준민 엄마　　　그거는 뭐 진짜 수박 겉핥기만 했죠. 음… 좀 더 특조위가 힘을 갖고, 우리 부모님들이 바라는, 저희가 그 몇 가지 사항이 있잖아요. 어쨌든 그게 다 받아들여져서 이뤄지고, 좀 힘을 좀 갖춰가지고 이번에는 좀 제대로 했으면 좋겠죠.

면담자　　　　안타까운 마음이 지금 드는 게 특조위 처음 세울 때 부모님들이 했던 말씀과 좀 비슷한 거 같아요, 힘을 가진 그런 특조위가 되었으면. 3년 동안 싸우시고도 비슷한 말 들으니까 갑자기 마음이 안 좋아서요.

준민 엄마　　　(웃으며) 우리는 너무 힘이 없으니까. 아무것도 지금 없잖아요, 된 게. 그냥 유야무야 넘어가 버린 거지, 이렇게. 기간만 지난 거지.

면담자　　　　마지막 질문인데요. 3년이 지난 지금에 준민이를 떠올리면 무슨 생각이 드세요? 준민이가 어머님께 지금 어떤 의미일까요?

준민 엄마　　　지금이요?

면담자　　　　예.

준민 엄마   지금은 제가… 요즘, 올 들어서 자주 하는 생각은 준민이 친구들이 군대를 많이들 갔어요. 준민이도 군대 갔으면 군복 입고 휴가 나오고, 또 맛있는 거 해가지고 면회 가고, 올 들어서는 그 생각을 진짜 많이 해요. 군복 입은 모습도 보고 싶고, 응. 이 모습도 보고 싶고, 저 모습도 보고 싶고 뭐.

내가 그때 오죽했으면 굿이라도 해가지고 한번 보고 싶다고, 목소리라도 듣고 싶다고… 애들 군복 입고 오는 거 보면 '아유, 우리 아들도, 준민이도 키가 커 가지고 군복이 되게 잘 어울릴 [텐데]' 옷이 참 잘 어울려요, 키가 크니까. 군복이 참 잘 어울렸을 텐데 그런 생각 많이 들어요. 친구들하고 휴가 나왔다고 술도 한잔하고 들어오고, 응, 들어왔을 텐데, 그런 생각. 준민이 친구들 제대하고, 아마 장가 갈 때쯤 되면 또 그 생각 하겠죠.

항상 그랬으니까. 항상 이때는 이랬겠지, 이때는 이랬겠지. 또 친구들 결혼하기 시작하면, 이때는 결혼해야지, 결혼했겠지. 또 그 애들이 아들딸 낳으면 또 우리 준민이도 그랬겠지. 그러니까 평생, 평생 그럴 것 같아요… 응, 평생. 또 직장생활 할 때는 아유, 힘들게 직장생활 하겠지 그런 마음. 저뿐만이 아니고 모든 부모들도 그럴 거 같애요.

면담자   저희 준비한 질문은 전부 마쳤는데요. 혹시 추가적으로 하고 싶은 이야기 있으면 해주세요.

준민 엄마   추가적으로요? 질문을 너무 꼼꼼히 잘해 오셔 가지고 추가적으로 할 말은 없는데, 고생하셨어요(웃음). 근데 처음에 사실 이거 되게 부담이 됐었어요, 이렇게 누구 앞에서 얘기하는 거. 저 진짜 말 되게 잘하거든요, 저? 학부모들 강당에 모아놓고 얘기도 해봤고, 다 했었어요. 근데 이렇게 누구 앞에서 얘기하기가 되게 힘이 들더라고요. 지금은 사실 질문을 주셨으니까 거기 답변만 하니까 제가 이렇게 한 거지. 음… 근데 [구술증언에 참석하기를] 잘했다고 생각이 들어요, 잘한 거 같아요. 제가 되게 망설였었거든요. 안 하고 싶다는 생각도 하고, 되게 망설였었는데 지금은 잘한 거 같아요. 잘했다는 생각이 들어요. 나중에 누군가는 그냥 내 얘기를 한 번쯤 들어줄 수도 있겠지 하는 생각도 들고.

면담자   꼭 들을 겁니다.

준민 엄마   음, 잘했다고 생각이 들어요.

면담자   잘했다는 생각이 드는 이유가 더 있을까요, 혹시?

준민 엄마   이유요? 이런 기회 아니었으면, 제가 질문에 답은 했지만 지금 하고 싶은 얘기를 했듯이 이렇게 다 못 했을 거 같아요. 이 기회가 아니었다면.

면담자   다른 인터뷰들도 많이 하셨잖아요, 『약전』이라든가.

준민 엄마   예예. 근데 『약전』 같은 경우는 준민이 얘기를 많이 다뤘던 거고, 아이의 얘기만 다뤘잖아요. 근데 이 구술은 나의 얘기, 준민이 얘기, 그다음에 희생자 얘기, 그 얘기를 포괄적으로 많이 여러 방면으로 하니까 내가 하고 싶었던 얘기를 다, 많이 했던 거 같아요(웃음). 잘했다고 생각돼요.

면담자　　　알겠습니다. 감사합니다. 그러면 오늘 구술은 여기서 마무리하도록 하겠습니다.

준민 엄마　　예.

면담자　　　두 번에 걸쳐서 쉽지 않은 이야기 해주셔서 정말 감사드립니다.

준민 엄마　　수고하셨습니다. 두 분 너무 고생하셨어요.

4·16구술증언록 단원고 2학년 5반 제8권

그날을 말하다 준민 엄마 김혜경

ⓒ 4·16기억저장소, 2019

기획 편집 4·16기억저장소 ┊ **지원 협조** (사)4·16세월호참사가족협의회
펴낸이 김종수 ┊ **펴낸곳** 한울엠플러스(주)
초판 1쇄 인쇄 2019년 4월 1일 ┊ **초판 1쇄 발행** 2019년 4월 16일
주소 10881 경기도 파주시 광인사길 153 한울시소빌딩 3층
전화 031-955-0655 ┊ **팩스** 031-955-0656 ┊ **홈페이지** www.hanulmplus.kr
등록번호 제406-2015-000143호

Printed in Korea.
ISBN 978-89-460-6749-3 04300
　　　 978-89-460-6700-4 (세트)
* 책값은 겉표지에 표시되어 있습니다.

4·16구술증언록 단원고 2학년 9반 제5권

그날을 말하다

경미 엄마 전수현